李嘉诚全书

张 乐 编著

经商之道
用人之道

LI JIACHENG

辽海出版社

图书在版编目（CIP）数据

李嘉诚全书 / 张乐编著 . —沈阳：辽海出版社，2019.1

ISBN 978-7-5451-5249-4

Ⅰ . ①李… Ⅱ . ①张… Ⅲ . ①李嘉诚—人物研究 Ⅳ . ① K825.38

中国版本图书馆 CIP 数据核字（2019）第 028980 号

李嘉诚全书

责任编辑：柳海松
责任校对：丁　雁
装帧设计：廖　海
开　　本：630mm × 910mm
印　　张：14
字　　数：188 千字
出版时间：2019 年 3 月第 1 版
印刷时间：2019 年 3 月第 1 次印刷

出版者：辽海出版社
印刷者：北京一鑫印务有限责任公司

ISBN 978-7-5451-5249-4　　　　　　定　价：68.00 元
版权所有　翻印必究

前言

他连续多年稳居全球华人首富宝座，让几乎所有的华人企业家都心悦诚服；他是当代最成功、最杰出的商人之一，是无数渴望成功的人心目中的偶像；他是香港经济发展的晴雨表；他主导了香港半个世纪的地产风云；他经营着世界最大的港口，垄断着面向内地的输电线；他的公司被誉为"全球最赚钱的公司"；他是财富与成功的象征……他就是商界"超人"李嘉诚——华人的骄傲。

李嘉诚书写了一个让人惊叹的创业神话——14岁投身商界，22岁正式创业，30岁即成为千万富翁。他已经成为一个传奇，一种象征，他以自己雄厚的实力和庞大的商业帝国赢得了人们的尊敬，更为他赢得了"超人"的美誉。

但谁能想到，繁华背后，这位声震世界的亿万富豪竟有着辛酸的过往：他少小离乡，在战乱中颠沛流离；由于父亲的不幸早逝，他小小年纪便步入社会，担起了生活的重担，为一家生计四处奔波。他当过要察言观色的小伙计，做过受人白眼的商业推销员，直到他成为一个雄心勃勃的塑胶花工厂主，赢得"塑胶花大王"的美誉，才开始大展宏图。他涉足地产业，成立长江实业；之后进军世界，实现跨国跨地区投资；后辗转股市，成为屡战屡胜的大赢家；又涉足货运行业、网络传媒……如今，李嘉诚旗下业务已经遍及全球56个国家，涉及投资产业、地产、货柜码头、石油、电讯、网络科技、文化传媒、零售、航空等多个领域，这使他成为华人历史上横跨产业最多、国家最多的企业家。

美国权威财经杂志《福布斯》曾评价李嘉诚说："环顾亚洲甚至全球，仅有少数的企业家能够从贫苦的出身中战胜种种艰险，成功挑战，建立起一个业务多元化且遍布全球56个国家的庞大商业帝国。李嘉诚在香港素有'超人'的美誉。事实上，全球各地商界翘楚均视其为拥有卓越能力、广阔视野与超凡成就的强人！"

李嘉诚缔造的商业神话，早已不再仅仅是一个人们津津乐道的话题，而成为众多创业人士和追求成功者反思、学习的典范。在仰望这位传奇富豪的时候，人们不禁好奇：一个没有学历、没有背景、没有金钱、没有人际关系的穷苦孩子如何成长为拥有庞大资产的亿万首富？一个小伙计运用怎样的智慧而成就万人瞩目的商业传奇？本书就为你破解李嘉诚成为华人首富的秘密。

纵观李嘉诚的传奇人生会发现，李嘉诚的成功离不开他自强不息的奋斗精神、高人一筹的经营管理才能和高超的做人艺术。

自强不息的奋斗精神奠定了李嘉诚成功的基础。正如李嘉诚自己所说："在逆境的时候，你要问自己是否有足够的条件。当我自己处于逆境的时候，我认为我够！因为勤奋、节俭、有毅力，我肯求知及肯建立信誉。"战乱中辗转来港的李嘉诚，面对生活中的困境，他始终乐观自信。他迅速适应了香港的生活，工作上，他兢兢业业、尽职尽责，让老板赞赏有加；业余时间，他努力学习、发奋读书，为日后的事业成功奠定了文化基础；事业粗具规模时，他再接再厉、不断进取，为自己确立了更加远大的人生目标，促使事业不断发展壮大。

高人一筹的经营管理才能成就了李嘉诚的商业帝国。在商战中，他统揽全局、审时度势、灵活多变，从不打无准备之仗；在投资上，他始终保持着多元化的投资策略，注重现金流，有效规避风险；在决策上，他精明果断，善抓商机。1967年，香港人心浮动，百业萧条，在人们纷纷抛售物业、地产时，他却趁低吸纳，不久之后即大赚一笔；在扩张方面，他斥资29亿港元，收购英资置地公司34%的港灯股权，成为香港有史以来最大的一次公司交易，首开华资战胜英资之先河；在管理上，他兼收并蓄，实行"中洋"结合、"老、中、青"结合，知人善任，在企业中建立完善的组织架构，使得上下一心，群策群力。

高超的做人艺术让他成为商界做人做事的楷模。深厚的传统文化教育培养了李嘉诚的许多优秀品德，他一直是"温良恭谦让、仁义礼智信"的践行者，为人谦和，处世低调；他外圆内方，刚柔相济；他重信诺、讲义气、宽厚待人；他勤奋坚忍，务实求进；他对待员工始终慷慨大度，才德并重；他在商场上信誉卓著，得到了几乎所有合作伙伴甚至对手的尊重，"李嘉诚"3个字本身就是一块"诚信"的金字招牌；他"达则兼济天下"，热爱国家、热心社会公益事业，是知名的社会慈善家，多年来捐出的慈善款项超过38亿港元，其义举造福无数人……凡是和李嘉诚接触过的人，没有不被他的人格魅力所折服的。

2006年9月，《福布斯》杂志集团执行董事长史蒂夫·福布斯将第一届"马康·福布斯终身成就奖"颁发给李嘉诚。史蒂夫·福布斯说："我祖父（《福布斯》杂志的创办者）以前常说，做生意的目的是制造快乐，而不是积累金钱。没有人比李嘉诚更符合我祖父的理念。他是一个商人，也是一个慈善家，他是我们这一代与后代人的好榜样。"

如今，这位耄耋之年的华人巨商依然活跃在人们的视线里，他的影响力早已毋庸置疑。人们在感慨、钦佩这位传奇人物的同时，更希望从他身上学习成功的经验与智慧。本书的编写，正是意在为渴望成功的人士提供这样的借鉴。全书共分为3篇，第一篇讲述了李嘉诚的传奇人生，第二篇阐述了李嘉诚的经商之道，第三篇介绍了李嘉诚的为人处世之道。本书通过对李嘉诚成长历程中的人生经历、经营之术及为人处世之道的详细阐述，将李嘉诚的成功智慧展示给读者，希望读者对李嘉诚的人生智慧有一个深入的了解，并将其吸纳、运用到自己的人生当中去，让它们成为自己的人生财富，成为自己实现目标和梦想的智慧资本，让自己能早日成为财富的拥有者，实现幸福人生。

目 录

第一篇 李嘉诚的传奇人生

第一章 生逢乱世——逃难香港，自古雄才多磨难 ……… 2

书香世家走出"叛逆者" …………………………… 2
时势造就"叛逆者" ………………………………… 4
"大头诚"的幸福童年 ……………………………… 6
举家逃难香港 ……………………………………… 10
"啃"英语的时光 …………………………………… 12
父亲病逝，全家一肩扛 …………………………… 13
第一份工：堂仔？学徒？ ………………………… 14
李嘉诚成了"行街仔" ……………………………… 19

第二章 艰难创业——绝处逢生，成一代"塑胶花王" …… 23

风风火火建"山寨厂" ……………………………… 23
工作"流水账" ……………………………………… 25
遭遇灭顶危机——退货 …………………………… 27
慈母醍醐灌顶的启示 ……………………………… 28
一个"诚"字渡难关 ………………………………… 29
复苏的长江 ………………………………………… 30

发现"塑胶花" …………………………………… 32
取"真经"，暗度陈仓 ………………………… 34
"塑胶花王"一夜名满天下 …………………… 36

第三章 纵横地产——雄韬伟略，成就"地产大亨" ……… 40

涉足地产，不丢塑胶 …………………………… 40
以物业慢回笼 …………………………………… 42
人弃我取，大购廉价地皮 ……………………… 43
目标远大，意指置地 …………………………… 45
长江上市，财富狂飙不成问题 ………………… 47
大股灾不请自来 ………………………………… 48
地铁竞标，置地"大意失荆州" ……………… 50

第四章 收购战——巧妙收购，"李超人"善意始终 ……… 55

李嘉诚看上九龙仓 ……………………………… 55
九龙仓大战，一石三鸟 ………………………… 58
"蛇吞大象"——李嘉诚入主和黄 …………… 59
如何消化，"李超人"有良方 ………………… 62
欲擒故纵买"港灯" …………………………… 63
收购香港电讯 …………………………………… 66

第二篇 李嘉诚经商之道

第一章 实业为基——以实业聚财，累积财富真资本 ……… 72

开拓实业，要做就做最好 ……………………… 72

广撒才有多丰收……………………………………… 74

不要小看零售业的"蝇头小利"…………………… 76

品牌化让无形资产变金钱………………………… 78

存钱过冬的艺术…………………………………… 79

第二章 稳中求进——稳健中发展，发展中不忘稳健……… 83

未买先想卖………………………………………… 83

有风险意识才有准备……………………………… 85

花90%的时间，不想成功想失败………………… 87

要做大事，"审慎"二字不可丢…………………… 89

不疾而速才能一击而中…………………………… 92

万事想好退路，打有把握之仗…………………… 94

要冒险，但不盲目冒险…………………………… 96

把控好负债率……………………………………… 98

第三章 善用政策——以政策为本，跟着时局风向走……… 103

了解时局才能正确投资…………………………… 103

以善举赢得刮目相看：办好事，好办事………… 106

用实力说话，争取发展权………………………… 107

第四章 眼光长远——要高瞻远瞩，才能事业长久………… 112

锐眼识金，商机遍地都是………………………… 112

充满商业细胞的人可随处赚钱…………………… 113

眼光独到，先人一步……………………………… 116

火眼金睛，冷门变热门……………………………… 118

薄利多销，抢占市场………………………………… 119

所有人冲进去时及时抽身…………………………… 122

高瞻远瞩才能避免失误……………………………… 124

第三篇　李嘉诚为人处世之道

第一章　诚信为本——商道亦人道，打造人格品牌………… 130

做人与经商一脉相连………………………………… 130

做生意无信不立……………………………………… 132

信誉带来财路………………………………………… 134

信誉要实实在在，不要夸夸其谈…………………… 136

诚信聚才，"得人才者兴"…………………………… 138

让你的敌人都相信你………………………………… 141

一诺千金，有诺当必践……………………………… 144

诚信是企业成功的保证……………………………… 146

第二章　正气当先——做正直商人，有为有不为………… 153

不以小利伤大局……………………………………… 153

重义轻利，以德报德………………………………… 156

关键时刻，挂帅救市………………………………… 158

创业过程没有秘密…………………………………… 161

可赚的钱应该赚，不可赚的钱绝对不赚…………… 162

第三章　磨难立人——逆境中成长，积累成功资本………… 170

苦难是人生最好的锻炼……………………………… 170

靠人不如靠己…………………………………………… 172

磨难中悟真经…………………………………………… 174

成大事者要能吃苦、会吃苦…………………………… 176

谁也不是天生优秀……………………………………… 178

第四章 闯在当下——胸中怀大志，敢闯才能成功………… 181

有志则断不甘下流……………………………………… 181

乐观者胜于悲观者：迎向阳光就不会有阴影………… 183

看准目标，绝不半途而废……………………………… 187

自己做老板最潇洒……………………………………… 189

附录 李嘉诚精彩演讲录………………………………… 193

李嘉诚八十智慧12问启迪80后………………………… 193

我的第三个儿子………………………………………… 195

管理的艺术……………………………………………… 197

社会资本——终极目标………………………………… 201

紫色动力………………………………………………… 203

赚钱的艺术……………………………………………… 204

李嘉诚健康科学研究所………………………………… 209

第一篇

李嘉诚的传奇人生

第一章　生逢乱世

——逃难香港，自古雄才多磨难

书香世家走出"叛逆者"

谈到李嘉诚，很多人的第一印象便是他是地道的潮州人，是潮州最声名卓著的"全球华人首富"。这毫无疑问成为人们每每提到他时最熟悉的字眼。的确，李嘉诚生于潮州，奋斗一生成为华人世界的骄傲，堪称潮州人最典型的象征符号。然而，由李氏家谱追根溯源，我们却发现，李氏家族原来是由河南博爱迁至潮州的，世代为书香门第，几乎从不染指经商，更不要说富甲一方了。

李氏书香，在其家谱中有着辉煌的纪录。李嘉诚直系先祖自李元祥起有职官（包括封赠）的有21世。其迁居白塘洋尾后的有8世。李氏宗亲宋代有进士12人，职官49人；明代有进士10人，举人14人，职官39人；清代有进士7人，职官34人。以下为部分家谱：

一世李元祥：贞观五年封许王，十一年徙封江王，任苏州等四州刺史，兵帅大都督，赠大司徒，谥曰安；二世皎：封武阳郡王，复州刺史，荆南四路大总管，大司空，蔡郡王，谥曰桓；五世楚珪：上元元年封云麾将军，左清道帅府上柱国，历左领卫将军，试光禄卿，陇西郡公，开国伯，银青光禄大夫，太常卿；十世岑：卢州司户参军；二十世若：庆元元年乙卯庆恩特奏名进士，迪功郎，吉州文学；三十世宗岳：官名元镇成化五年进士，授广东按察使司金事。

不能不说,在这个近乎走向没落的书香世家里,还坚持着不肯放弃读书应试的理想,是十分不易的。也因此,李嘉诚的出现,在即将为其家族带来辉煌的腾飞的同时,也违背了祖辈的遗志,踏入了家族禁忌的领域,成为一名不折不扣的没有学业背景的经商"叛逆者"。"华人首富"与"书香世家",这种极其强烈的对比不能不说是莫大的奇观,是时势造英雄的佐证。

在时间的河流里,我们回溯到明朝末年转入大清初年的入冬时分,那个动荡不安的交接时代,去发现一个有关家族迁徙的重大节点。

有一天,潮州迎来了一位客人,他叫李怀功,字明山。李明山带着他已经疲乏的家人们,踏上了这座古城——潮州,落脚在距潮州不远的海阳县城内北门面线巷。正是这位读书人,为潮州的未来辉煌之路埋下了一颗闪光的种子。李明山,便是李嘉诚的先祖。

李明山原是一名地地道道的河南秀才,满腹才学。然而,天有不测,河南省遭遇了百年未遇的特大旱灾,李明山决定举家南迁福建莆田。在莆田,他开办了一个小私塾,凭着微薄的收入安定了下来。然而,在这个战乱不断的年代,莆田也难以幸免,频繁的战乱让李明山不得不再次跋涉迁徙。而这一次,他选择了广东潮州。但不幸再次降临,长期跋涉严重损害了他的身体,就在落户潮州的当年冬天,李明山病死了。

不过,值得欣慰的是,其后辈们个个通书知理,在书香的熏陶下不忘读书修性,学问不逊祖辈,并渐渐在潮州扎下了根。

关于李氏家族的潮州世系,我们略知一二。在目前已有的关于李嘉诚传记类资料中,中国作家出版社曾出版发行过的《李嘉诚传奇》(夏萍著)一书中曾十分详细地描述了李嘉诚在潮州的世系:

李氏家族自一世祖李明山起在这块土地（粤东潮州府海阳县）上居住了约有十代，其中经历了二世祖李朝客、三世祖李子坤、四世祖李仲联、五世祖李世馨、六世祖李克任、七世祖李鹏万、八世祖李起英及李晓帆，传至九世有李嘉诚伯父李云章、父亲李云经、叔父李云松，直至李嘉诚恰居第十世。

李嘉诚的曾祖父李鹏万曾经是清朝每12年选拔一次的文官八贡之一，一时传为佳话。李氏祖居门前用于插贡旗的碑座，就是明证。至大清光绪三十三年，也就是晚清将要结束的1907年，八世祖，即仅17岁的李晓帆不负父望，考上秀才，堪称当时潮州城的奇闻。李鹏万去世以后，李晓帆在潮州附近的澄海县开办了一家民办学校。他是粤东地区最早废除八股，提倡白话文的贤明之士之一。同时，李晓帆还积极声援支持学生集会，是李氏家族有史以来第一个走出书斋参与社会运动的知识分子。晚年的李晓帆以读书和治学为其最大的乐趣，同时仍然关心时事，勉励学生运动。到父亲李云经这一代，李氏依然以读书为正业。李云经走的正是李氏家族很多人走过的执教之路。

关于李氏家族，曾有人赞道，李氏数百年来人文鼎盛，民风淳朴，英才辈出，真可称为簪缨世家，文采风流。这话是有几分道理的。

时势造就"叛逆者"

在书香世家，读书毫无疑问是唯一的正途。李氏家族的一名名成员正是在这种熏陶里，世世代代都遵守着祖制，走着亘古不变的路。随着时间的流逝，李家人恪守着这个信条，哪怕再穷，家庭再困难，也要以书明志。直到民国时期的到来，李家悄然蜕变出一个革新者。

1905年，一个令国人兴奋的消息在中国大地传遍开来：中国正式废除了已实行了1300年的科举制度。千年古制，一朝改废，不知有多少人欢喜，有多少人茫然。当"废科举，立新学"成为中国文化史上最重要的分水岭时，身在潮州的李氏家族却并没有受到太大的冲击，除了一两个人。

此时，李嘉诚的祖父李晓帆即使奔走疾呼，却依然没有忘记以读书授学为主业。另一个人，却在几十年后即将为李氏家族带来另外一束光明，他就是李嘉诚的伯父，留日博士李云章。这位李氏家族里第一次涉商也是家族走出的第一个"叛逆者"，可以说给了李嘉诚最初的萌芽教育。

李云章，李鹏万长子李起英的大儿子，李嘉诚的伯父。民国年间入校读书，这是潮州当时唯一的一所公办小学。后升入广州一所中学，也是公办学校。在传统教育与新式教育的争执不休中，李云章选择接受了与其世世代代完全不同的新式教育，学习当时在中国南方刚刚流行的日语。李云章是睿智的，他用自己的判断力撇弃旧的教育模式，正是一种明智之举。

但是，这种大胆让他的父亲实在难以接受。有一段话印证了李起英的迷惑和矛盾："云章，你为什么要学外国人的语言呢？要知道中国语言是一大宝库，你就是一辈子钻进里面去，相信也是读不完的。我真不明白，日本话有什么好呢？"彼时，李起英已经重病卧床，留在这个世上的时间不多了。依照传统礼法，百善孝为先，既然父亲不允，就把心收回去吧。但李云章选择了袒露自己的想法。他告诉年迈的父亲："现在已经是民国了，再不是从前的晚清时代。日本虽是一个弹丸之地，但它是东亚的先进国家。我们中国人如果想振兴自己的国家，就必须学习外国人的先进经验。这也是我为什么要学习日语的原因。"接下来的路便顺理成章了。李云章没有因为父亲的斥责而止步，而是选择东渡扶桑，开始了自己崭新的留学生涯。

数年后，李云章满载而归，除了一纸博士文凭，还有满腹的新式思想。回到李氏生根发芽的潮州，李云章第一个挂起了经商的招牌，为李氏家族开创了一片新的天地。这位精明强干、在商海中浮沉大半生的经商博士，正是因其没有陷入当时"经商无异于自暴自弃，甘入下流"的保守思维，才开创了一生的事业。这种精神与行动，不但在一定程度上影响了他的弟弟李云经，更深深影响了他的后辈——李嘉诚。也因此，改变了一个世家的命运。李嘉诚曾说，伯父李云章，是他后来经商的楷模，也是他行事为人用以借鉴的一面镜子。

李嘉诚,李云章的弟弟李云经的儿子,自幼聪颖好学,成绩名列前茅。但因侵略战争爆发,李嘉诚一家被迫逃亡香港。不想1943年,父亲李云经病逝。为了养活母亲和3个弟妹,李嘉诚被迫辍学走上社会谋生。即便如此,李嘉诚依然没有放弃学习,哪怕此生再难进入学校读书。就是这样一个不情愿但被迫成为又一个"叛逆者"的人,在日后的奋斗中逐渐成长为一名商界奇人。

时势造英雄,李嘉诚在经过艰苦打工拼搏后,终于用自己的微薄积蓄开了一家"山寨"塑胶厂"长江",正式走向经商的行列。1972年,"长江实业"上市,其股票被超额认购65倍。到20世纪70年代末期,他在同辈大亨中已排众而出。1979年,李嘉诚入主"和记黄埔",成为首位收购英资商行的华人。1986年,李嘉诚进军加拿大与全球数十个国家,一跃成为全球华人首富。

时势造英雄,李嘉诚由被迫走上反叛的道路,到主动进取成为华人首富,几十年商海征战,有时势的因素,更是因为其自身的优良品质在推动。无论世界如何变幻,唯有内心有一颗坚毅的种子,并且持之以恒地进取,才会最终成就传奇人生。

"大头诚"的幸福童年

1928年,正是军阀割据混战的末期,中国历经了晚清以来的无数战乱,世界经济正处于大萧条时期,人们饱尝艰辛。在这个动荡的年代,潮州人却是幸运的,偏安一隅,依旧祥和,过着自己的小日子。这一切对于一个人来说十分重要,他,就是李嘉诚。

1928年7月29日(农历六月十三),在这个看似平凡的日子里,李氏家族里又诞生了一个婴儿,取名李嘉诚。当然那时谁也不会想到,就是这个小小的婴儿,将要在日后的几十年里叱咤商海,创造一个世界华人的传奇人生。

婴儿时的李嘉诚生得额头高高,身子小小,一副聪明孩子的模样。因而在家族里得了一个亲切有趣的乳名——"大头诚"。也许是这个听了让人忍俊不禁的小名给童年的李嘉诚带来了难得的好运。总之,儿时的李嘉诚是幸福的。

由于当时的潮州相比较大城市而言,没有受到急剧的战争冲击,李嘉诚得以在一种平和的环境里度过了一段甜蜜的孩提时光。正常的童年,并在父母亲的用心浇灌下接受一种良好的教育和对于人性、自然的认知,这并不是每一个那时候出生的孩子都能够拥有的。

在《李嘉诚少年与青年的成长经历》中,有这样一个以父亲李云经为视角描述的温馨场景,很是感染人心:

天真无邪的幼儿的憨态是最能让人忘记劳累与烦恼的,与儿子逗乐就是每天从学校回来的李云经的最爱。从娇妻手里急不可待又小心翼翼地接过小嘉诚,这是上天赐予李家的一份神圣的厚礼呀!每次抚爱儿子,小嘉诚那高高隆起的前庭总是惹得李云经情不自禁地喃喃自语:"大头诚哦……大头诚!"这个时候,是李云经最幸福的时光,一天的劳累早已跑得无影无踪了。就是备课、读书和写字的时候,李云经也舍不得将小嘉诚放下一刻。或是自己抱在怀里,或是让妻子坐在自己旁边。

温情的写意洋溢着一家人对于小嘉诚到来的幸福之情,让人不由艳羡。这种温馨在当时来说是十分难得的,假如李嘉诚的父母是面朝黄土背朝天、迫于生计而不得不终日奔波的普通农民,也许会对在家庭落魄时不合时宜到来的孩子报以不耐烦的颜色。

或许就如有人曾分析的那样:马克思曾称赞希腊文明,比喻它们是正常的儿童,其创造的文化有一种高贵的品质、健康的心态。其实,出生于小知识分子家庭的孩子也是健康的,他们聪敏、灵气、良善、温情,不走极端。是的,就算是日后李嘉诚经历了众多的困顿,他也依然是儒雅的,他稳健发展,看清时事再行动,而不是极端地获取和求索。

1930年初,小李嘉诚近两岁了。他刚刚过了牙牙学语的婴儿时期，开始好奇地观望这个世界。此时李云经已经返校教书，负责三年级小学的国语。这无疑为李嘉诚的幼儿教育做了铺垫。

李嘉诚是聪颖好学的，一点不输其祖父李晓帆，3岁就能咏《三字经》《千家诗》等文。正是在这些读物中，小小的李嘉诚开始接受正规的中国传统式教育，熏沐在传统文化的氛围之中。在很多传记里，都提到过咏诗诵文，似乎可以说是李嘉诚童稚时代的最佳娱乐，或许有些夸辞，但不能不说，李嘉诚从小就是很热衷学习的。而这，也是李嘉诚在一生中都保持的一种十分优秀的习惯，更是成就其人生的重要因素。

1933年，李嘉诚5岁。在潮州有着一个十分传统的习俗，那就是入学要拜孔子，即"进孔门"仪式。于是，5岁的李嘉诚在父亲的引导下，庄重地行了拜师礼，正式进入潮北门观海寺小学念书。

随着环境的变迁，李嘉诚跟随父亲不时更换学校，学习和生活环境并不安定。1935年春，李云经开始任宏安小学校长，进入其教育事业的高峰期。不久，李嘉诚随父亲转入宏安小学就读。

此时，李嘉诚随父亲寄宿在学校，生活是清苦的。但是对于读书，李嘉诚始终怀抱着无尽的热情，并且品学兼优，与同学关系也十分友善。

很多人对于李嘉诚的为人有着极好的评价，这在很大程度上离不开父母的教育。而关于称李嘉诚为"儒商"之说，或许正源于其从父辈那里继承而来的中庸仁爱思想和儒家风范的为人行事原则。

与此同时，李家的家境也有所好转，然而，年幼的李嘉诚并不因此而流连玩耍享受。极强的求知欲让小小的李嘉诚四处寻找知识的尾巴，于是，书香世家的魅力终于凸显了。

在李氏家族的古宅里，有一间珍藏图书的藏书阁，不算大，但珍藏了先辈们积累下来的众多好书。藏书阁同时也是父亲的书房，小李嘉诚每天放学回家的第一件事，便是泡在这间藏书阁书房里，如饥似渴地阅读诗文知识。

诗文优美而富有韵律，意境悠远而让人遐想。每字每句，李嘉诚都能烂熟于心,并且体会深刻。有时候,父亲也会花费时间来给自己心爱的儿子讲解一些难懂的内容,诸如历代爱国志士的诗文,掺杂着对现实的理解。他涉猎甚广,主要有《诗经》《离骚》等诗词,上古历史、小说等学校的教授课程。更为广泛的阅读培养了李嘉诚对传统文化的热爱和深厚的爱国情愫。他开始更加刻苦,经常点灯夜读。

李家兄妹众多,都各有成就。李嘉诚的一位终生从事教育事业的堂兄李嘉来这样说李嘉诚的刻苦:"嘉诚要小我十多岁,却异常懂事。他读书非常刻苦自觉,我见过很多次,他在书房里点煤油灯读书,一直到深夜很晚。"

比李嘉诚大4岁的堂兄李嘉智也曾回忆道:"嘉诚那时就像书虫,见书就会入迷,天生是读书的料。他去香港,办实业成为巨富,我们都感到吃惊。"

如此刻苦用功,让身为父亲的李云经十分欣慰。

李嘉诚确实是幸运的。相对安宁快乐的童年,良好的家教环境使得他有机会徜徉在浓厚的文化氛围中。更重要的是父亲李云经的殷殷父爱与言传身教,对于李嘉诚的一生都始终有着重要作用。

李云经,这个旧式知识分子,从小聪颖好学,勤奋刻苦。4岁时就能背诵唐诗,5岁时便能写汉字小楷,到了七八岁,李云经已能阅读清人袁枚的《随园五记》了。进入私塾之后,李云经更是刻苦,每次考试总是名列前茅。后来,父亲去世,李云经便挑起了家庭的重担。他曾一度经商,也做过店员、出纳、司库,辗转在商界和教育界之间,不过最终李云经还是走上了教书育人的道路。而这对于小嘉诚的幼年教育起着极其重要的作用。

父亲李云经对儿子李嘉诚的影响,可以说是一生的。在数十年后,有人曾经问过李嘉诚心中的偶像是谁呢?他的答案是:父亲李云经。李嘉诚说:"我爸爸是非常典型的中国人,有中国人的气节。"

年少时的李嘉诚读书一直都保持了自觉刻苦的习惯,就是在这样孜孜不倦的求学求知中,李嘉诚接近小学毕业,也基本完成了对他一生都有深刻影响的基础知识的汲取，为其日后的事业和人生的发展奠定了宝贵的基础。

举家逃难香港

生逢乱世，是很多名人传记里常会提到的一句话。是的，生逢乱世，多遭坎坷，然而也往往是乱世才真正造就英雄，李嘉诚的一生正印证了这一点。从幼年开始便历经动荡环境，少年丧父，一人独挑大梁，商海中沉浮数十载，换来今日家业辉煌。

1937年7月7日，卢沟桥事变，日军发动了全面侵华战争，抗日战争爆发。尽管近代以来的局势早已预示着不可避免的大战，但对于绝大多数人来说战争来得还是太突然，泱泱神州一时几乎无以应敌，不到半年时间，"弹丸小国"日本靠着坚船利炮竟侵占了中国几近半壁的疆土。国破家难安，潮州的百年宁静被撕裂，灾难在即。

战争何其残酷，而在中华大地上爆发的中日战争，其百姓所遭受的苦难何其悲烈。战争突发，举国激愤，有志之士振臂呐喊。而当时在潮州，李嘉诚的父亲李云经，一直就是支持学生运动的知识分子典型。根据窦应泰先生的著述，早在东北发生"九一八"事变时，李云经就在潮州参加过学生运动，抵制日货并散发传单。

在一次演讲中，李云经曾这样说："同学们，如果说'九一八'只是日本侵略中国的开始，那么如今日本已把战火烧到我们的眼前了。如果我们这些手握笔杆的人还不觉醒，那么鬼子有一天就会来到咱们的家门口了！是可忍孰不可忍！"

李云经的爱国情怀一直深深影响着李嘉诚。而李嘉诚无疑秉承了父志，尽管他们走的是截然不同的两条路，但在内心本质上李氏父子殊途同归，那就是一颗华人的爱国心。

随着战争形势的每况愈下，宁静的学校也早已是阴霾笼罩。1939年6月21日，日军飞机对汕头市进行了大规模轰炸，随后海陆军队悉数出动，汕头沦陷。教育科终于沉痛宣布，所有学校即刻停课。这一年李嘉诚已念到小学六年级，最后一课李嘉诚始终记忆犹新，是国文老师慷慨激昂讲解岳飞的《满江红》。最后，师生含着悲愤的热泪，高唱《义勇军进行曲》。

面对以不可阻挡之势直向潮州扑来的日军，面对潮州所辖的庵埠已陷敌手的消息，李云经做了最艰难的抉择：全家撤离潮州。彼时，李云经的老母亲，李嘉诚最慈爱的奶奶正卧病在床，脉若游丝。

局势不容迟疑，李云经全家冒险转移到了后沟，见到了同为教师的弟弟李奕一家。由于长途跋涉，更加上老人病情严重、惊吓过度，虽然全力调治，依旧难以回生。不久这位一生清贫持家、坚强耐劳的老人便去世了。两兄弟含泪把母亲安葬在了后沟的半山墓地里。

李嘉诚在后来回忆时说，14岁，当他还是个穷小子的时候，他还经常会记起祖母的感叹："阿诚，我们什么时候能像潮州城中某某人那么富有？"祖母一句朴素非常的话，却成了李嘉诚幼年困顿时的激励。这不能不让人钦佩李嘉诚本性中那一种执着与奋争的精神。

不久，潮州彻底沦陷，不忍长期打扰胞弟的李云经在一番彻底分析之后明白，不出任伪职，而又让全家有一条活路的唯一办法，便是全家搬离沦陷地。此时，温婉的妻子庄碧琴劝他："如果在内地实在无法生活，不如就投奔家兄去吧？"妻子的兄长庄静庵便是香港钟表业著名的殷商。李云经思量很久后终于决定：逃难香港。

当年冬季，李云经辞别胞弟，带着家小，出澄海到揭阳，经惠来到陆丰，经临近香港的宝安县到最后抵达香港。一路上，李云经打工度日，小嘉诚也力所能及帮衬照顾弟妹。据陆敏珠讲述，"当时只有11岁的嘉诚已俨然像个大人了，不但帮母亲照顾弟妹，还到野地里去挖点野菜来给家人充饥……在一家人逃难的途中，只有十一二岁的他却表现出超人的坚强和忍耐力。"

就这样，他们从1940年2月中旬上路，一直走到7月才辗转来到香港，找到了庄静庵先生，临时安顿了下来。

年弱单薄的李嘉诚对香港这片繁荣之地充满着好奇，当他奔跑眺望的时候，他绝对不会想到后面会有更艰难的挑战在等着他。

陆敏珠评价道:"不可否认,环境的改变为成就李嘉诚的事业创造了重要的条件。"

的确,在李嘉诚的一生里,坚忍的品质不可忽视。"困苦磨砺坚强,逆境塑造成功",这句话在李嘉诚的身上得到了验证。

不过,不可否认的是,踏入香港,让李嘉诚进入了一生中最为艰辛但也最为重要的转折时代。

"啃"英语的时光

本以为,进入香港这片富庶之地,李云经一家便可休养生息,重整旗鼓。不曾料想的是,一路辛苦的跋涉,似乎让他落下了一个咳嗽的病根。而这,将如蚁穴溃堤般侵蚀他正当壮年的身体。而更加令人窘困的是,想尽快在繁荣的香港找个教书工作的李云经,面对当时在香港尚无专教国语的学校的情况,愿望也很快破灭了。于是辗转再三,终于在庄静庵的帮助下找到了一份商行记账的工作。同时,全家也借租了一间位于九龙的民房,生活渐渐有所起色。与此同时,李云经对儿子的教育也大有改变,要求李嘉诚"学做香港人"。

于是,少年李嘉诚也开始进入香港中学,继续他的初中学业,同时抓紧时间熟悉香港。

关于李嘉诚所就读的中学,目前市面上几乎没有相应的材料,祝春亭与辛磊先生曾就此进行过翔实的研究,并且揣测道:李嘉诚在香港念过中学,念的是一所不出名的中学,并且这所中学已经消失,极有可能是内地教育界人士逃至香港避难,专为内地难民的子女办的中学。如果这种假设成立的话,即使是内地人士办的学校,也必须向香港教育体系看齐。能够熟读中国古代诗文的李嘉诚不再是学校的骄子,李嘉诚深知自己的不足,心底泛出难言的自卑。

的确如此。无论是当时的环境,抑或是李嘉诚对自身的要求严格,总之英语成为他当时最大的难题,而他,又无从求教国文老师出身的家父。

与此同时，李嘉诚结识了比自己小4岁的庄静庵的女儿庄月明，面对伶俐可爱的正读小学的月明，他十分开心。青梅竹马的李嘉诚和庄月明，也正是在这个时候一起度过了一段快乐的童年时光。他们最直接的接触，是源于广东话和英语。

李嘉诚把广东话当一件大事对待，而表妹庄月明也不时调皮地指正李嘉诚的乡音，很快李嘉诚就学会了一口流利的广东话。

当时的香港处于英国殖民统治之下，对英语的重视程度远远超过中国文化。在香港，不懂英语就相当于在内地不懂国语一样，寸步难行。因为香港的中学大部分是英文中学，即使是中文中学，英文教材也占半数以上。也正是如此，熟读百家书的李嘉诚一进入香港中学居然毫无用"武"之地，好强的他面对"惨淡"的英语成绩十分苦恼。

此时，出身名门的庄月明则与表哥完全不同，她不但已经进入英文书院读了半年书，而且上学前其父庄静庵也提前为她请了家庭教师学习英语，在这种情况下，小月明自然毫不客气地当了表哥的"家庭教师"，帮助他尽快掌握英语知识。

为了感谢表妹的帮助，李嘉诚也尽可能地为她补习国文等知识。他的博学与洒脱很快赢得了表妹的芳心。

然而，好景不长，只断断续续读了几个月中学的李嘉诚及其一家再一次被命运推到风口浪尖。

父亲病逝，全家一肩扛

世界上，有何事大过举家迁徙，寸步难行？有何事大过少年丧父，穷困难当？又有何事大过国难当头，经济萧条下养活全家？是的，这就是年仅15岁的李嘉诚所经历的。而面对如此困境，李嘉诚坚强地扛了起来，并且扛得很出色。

在日军侵占香港以后，香港局势动荡，人心惶惶。面对国难家仇，久病的李经云更是痛心疾首，禁不住叹道："真没有想到，我们躲到了香港，日本军队竟也会紧追到香港来了。"

就在日军占领香港翌日清早，李云经悲愤交加中病情突然转重,而李嘉诚一家生活原本就困难,日寇的掠夺使得生活愈加困难。李云经为了一家人的生活,还有李嘉诚的学费,一直坚持不去医院诊治,根据窦应泰先生的叙述,"(李云经)没想到这无休止的咳嗽原来可以危及自身的性命,严重的时候,甚至可让他不时咯出血来,最为严重的一次,竟然吐出了大半盆鲜血。原来李云经是得了严重的肺病"。

在当时的中国,肺病曾经被称为肺痨,一般被视为难以医愈的绝症。即便是发达的英国教会医院,也对此无能为力。李嘉诚心如刀绞。

1943年冬,李云经已经进入弥留状态,15岁的李嘉诚竭力忍住哭泣,装出一副可以挑住大梁的样子。李云经无限爱怜地看着儿子,用他那干瘦的手轻轻抚摸着儿子,好一阵才说:"阿诚,爸对不起你了,把这个家就交给你了,你要把它维持下去啊!"

当天深夜,李云经愀然而逝,走完了他年轻而坎坷的一生,被安葬在香港罗湖边上的沙岭坟场。李嘉诚再也无法强忍悲伤,泪如雨下。他心里清楚地知道,从此,他就是这个家的顶梁柱了。

从李嘉诚多年以后多次谈及父亲的嘱咐看,父亲及其行为已成为一种象征,成为李嘉诚一生中最有力的支撑。有学者这样提到,德国大诗人歌德有句广为人颂的诗句:我年轻时领略过一种高尚的情操,我至今不能忘掉,这是我的烦恼。对李嘉诚亦如是。领受过,就起作用,成为生命的一部分。

的确如此。对于已经懂得民族苦难、生活艰辛的少年李嘉诚来说,当务之急便是放下学业,独自担起照顾家人的责任。从此走上了与他的理想、家族的期望以及与表妹庄月明完全不同的人生之路。

第一份工:堂仔?学徒?

关于李嘉诚进入社会的第一份工,各方有着不同的说法,其中最经典的说法是,李嘉诚曾在春茗茶楼做煲茶的堂仔。据传,作者祝春亭与辛磊先生在写就后经长实转李嘉诚先生核审,否认了在茶楼的工作传闻。但毫无疑问的是,关于这个茶楼版本,似乎更能表现李嘉诚身上最本质的东西。故而，在此我们将其收录书中，以便佐助读者了解少年李嘉诚。

独挑大梁版本一

在李嘉诚丧父后，由于家中困顿且无度日来源，李嘉诚不得不告别他钟爱的读书生活，选择辍学寻找工作。但当时战乱频繁，香港百业萧条，加上他还是个身材纤弱的孩子，不仅是外来移民，还是一个只有小学文化的并不体壮灵活的少年。可以想象，求职的路是饱受辛酸和沮丧的。在如此艰苦的环境下，李嘉诚却拒绝了舅舅当时想让他进入自己公司工作的邀请，他希望能够自立，也不想给本身也很忙碌的舅舅添麻烦。

李嘉诚的舅舅也是一位白手起家的商人，10岁就外出打工，又漂到香港，几经周折才攒下这份家业。他很赞成李嘉诚出外打工谋生，也很赞许他独立自主的个性。

幸而，苍天不负有心人，李嘉诚终于找到了自己的第一份工作，在香港西营盘的春茗茶楼做煲茶的堂仔。

更值得庆幸的是，李嘉诚遇到的这个茶楼老板居然同是潮州人，而且认识自己的父亲李云经。老板为李嘉诚不幸的遭遇而感慨，为李嘉诚儒雅的气质而动容，于是收下了李嘉诚做茶楼伙计。并用心教导他："你在茶楼做事，千万要做到'二勤一少'才行。一是要手勤，二是要脚勤，三是没用的废话切勿多说。你如在我这儿做事，首先是客人第一，如果得罪了客人，那么一切就无从说起了。"

至此，李嘉诚终于有了第一份工作，虽然薪水微薄，但多少能补贴些家用。母亲庄碧琴也十分欣慰。窦应泰曾用很细腻的笔调写道："小小的谋职成功带给他和家人的喜悦，在他心底留下了温馨甜美的印象。"

然而，工作对于一个初出茅庐的小伙子来说并不容易，在有可以补贴家用的薪水的同时，李嘉诚也感到前途有些茫然。春茗茶楼虽好，但如终此一生都窝在这里，又有什么人生的意义呢？于是，与其他堂仔不同的是，李嘉诚一得一丝空闲，便手捧书本加紧自习。在后来的其他工作上，李嘉诚亦是如此。

在后来的香港电台访问时，李嘉诚笃定地说："在逆境的时候，你要问自己是否有足够的条件。当我自己处于逆境的时候，我认为我够！因为我勤奋、节俭、有毅力，我肯求知及肯建立信誉。"

是的，勤奋、肯求知，这让李嘉诚的一生都从未停止过进步，这也是他必然会成功的明证。

在茶馆的经历中，有几件事情很值得一提，一是李嘉诚的时间观念：广东人习惯喝早晚茶，大清早就有茶客上门。故茶楼规定必须在早上5时赶到茶楼，为客人准备茶水茶点。李嘉诚用舅舅送给他的小闹钟保证时间，与人们通常的准时闹钟不同，他的闹钟总是调快10分钟响铃，这样，每天他都是最早一个赶到茶楼。李嘉诚"调快时间"的习惯一直保持着，这也让他随时走在了人们的最前面。

二是李嘉诚的用心观察：人人都说，茶楼就是个小社会，尤其在香港这样的富庶之地，三教九流，什么样的人都有。也正是因此，李嘉诚接触了他幼年时从未接触的社会一面，他能在极短的时间里，记住客人的姓名与习惯，揣测出其籍贯、职业、性格、财富等基本情况。故而客人在接受他熟练的服务时都感到惊讶和欢喜。这种用心观察人的习惯就像一个聚宝盆，在每一次接触中都为他储备了下一步的行动，无论是对他日后从事推销工作，还是雄战商海、谈判买卖都大有裨益。

三是李嘉诚面对过失，接受教训：当时的李嘉诚毕竟还很年轻。有一次，李嘉诚听茶客谈天听得太入迷，竟忘了侍候客人茶水。当他慌慌张张拎茶壶为叫嚷的客人冲开水时，竟不小心将水洒到其中一位茶客的裤脚上了。李嘉诚顿时呆若木鸡，手足无措，因为这个错误实在太严重了，有可能毁了茶楼的生意。幸而李嘉诚平时表现良好，茶客居然善意开脱，这才让李嘉诚免丢饭碗。老板告诉李嘉诚，以后做事千万得小心。万一有什么错失，要赶快向客人赔礼，说不准就能大事化了。李嘉诚诚心地接受了。

四是李嘉诚被看相之说：据说有一天，当李嘉诚正在招呼客人时，一位老人拉住他要给他看看面相，李嘉诚既不想上班时间违反规定与客人闲聊,却又不忍拂逆老人的意思,于是顺从了老人的吩咐。而老人的话则让他大吃一惊:"你如今是困在水中不得施展的龙呀。"

一语惊醒梦中人。在经过一番抉择之后,李嘉诚决定辞去现在的工作,他诚心诚意地向自己最困难时好心收留他的老板解释离开的原因,并感谢老板这段日子对他的关心和照顾。老板接受了他离开的决定。自此,李嘉诚便以更为广阔的视野行走于世,终于有所成就。

独挑大梁版本二

关于李嘉诚第一份工作的另一个版本,是李嘉诚并未去过茶馆做工,而是在找工作连连碰壁之后接受了舅舅的好意留在钟表店里当学徒。而找工作,也是舅舅对小嘉诚的一次磨砺,告诉他要好好珍惜每一个工作机会。

其实,舅舅庄静庵对少年时的李嘉诚就有很好的印象,他回忆少年李嘉诚时说:"阿诚的阿爷谢世太早,故阿诚少年老成,他的许多想法做法,就像大人。"

的确如此,李嘉诚的少年时代是坎坷的,然而李嘉诚又是幸运的,"天将降大任于斯人也,必先苦其心志,劳其筋骨,饿其体肤,空乏其身,行拂乱其所为,所以动心忍性,曾益其所不能。"正是因为这种苦难,一点点地让李嘉诚完成了一个从集父母千般宠爱的宠儿到一个家庭的顶梁柱的艰巨蜕变。而这,必将成为他日后人生走向成功的重要经验。

踏入舅舅的钟表店,成为李嘉诚走向主动的一个标志。此后他先后几次跳槽,先是进入舅舅的钟表店当学徒,后又转做推销,每次跳槽都有更高的飞跃,都体现了他越来越成熟的思维和对社会经济等各方面的清醒认识。

进入舅舅的中南表店的一家分店,李嘉诚才发现,要学的事情实在是太多了,于是他很快便为自己订立了一个目标,即在最短的时间里学会装配修理钟表。然而,庄静庵常年来在业界打拼已经形成了按部就班的传授方式,并不因为李嘉诚是他的亲外甥而放开条件。即任何学徒在刚刚踏入钟表业的时候都要从打扫店内的卫生、开店门、倒水、跑腿、收小票等琐碎至极的小事开始。他解释给小嘉诚说:"人家老板总是先要试一试你的忍耐力,才肯实实在在教你手艺的呀。"李嘉诚没有丝毫办法。

然而,李嘉诚善于观察,很快地,他便能利用打杂的空隙,在旁学习师傅们的手艺,从而暗自记下,回去反复演练。仅半年时间,李嘉诚就学会了各种型号的钟表装配及修理工作。庄静庵的心里也十分高兴。然而,谨慎的舅舅并不当面夸奖他,不让李嘉诚有骄傲的机会。

一段时间以后,李嘉诚的试用期结束,已经可以正式学艺了。庄静庵把他安排到了高升分店。高升分店比他试用期时的店近多了,他终于不用起大早徒步几小时去上班了。李嘉诚也十分高兴。然而由于庄静庵有"凡是新学徒不经三年时间不能修表"的店规,本来他以为到高升店就会成为一个地道的学徒,可却被分配当了进口钟表的推销员,这让他非常苦闷。

好消息终于来了,1945年8月的一天,全国都沸腾了,中国终于解放了!李嘉诚为这来之不易的一天喜极而泣,父亲终于可以泉下安息了。

然而,香港的殖民地地位并没有发生变化。为了恢复经济,港英政府也积极采取一系列措施,保障市民供给、住房问题、燃料问题等,数十万逃亡的人短短几个月便回到香港。

这为庄静庵带来了潜在的机遇。他预见香港经济将有超常的发展,便扩大店容,大量吸收调整可用人员。而李嘉诚,则仿佛又回到了当初找工作时的四处奔走生涯。不过,幸运的是,在这种不断奔波中,他重新认识了香港的方方面面,从而开始有了全局意识。同时,频繁地与各阶层打交道使他更加贴近生活,他很快便能熟练地运用俚语了。只是,由于李嘉诚后来学的英语几乎全部来自自学,在交流中很快就暴露出了弱点,这让他把学英语当成了头等大事。

曾与李嘉诚同在高升钟表店共事的老店员这样介绍当时的情况:"嘉诚来高升店,是年纪最小的店员。开始谁都不把他当一回事,但不久都对他刮目相看。他对钟表很熟悉,知识很全,像吃钟表饭多年的人,谁都不敢相信,他学师才几个月。当时我们都认为他会成为一个能工巧匠,也许能做个出色的钟表商,真没想到他今后会那么显赫。"

李嘉诚成了"行街仔"

人总会有奇遇,只有抓住机遇,才能走向另一种人生。李嘉诚就是这样的人。

1946年底,18岁的李嘉诚在做了数月的钟表店学徒后,终于做了一个让所有人都吃惊的决定:离开势头极佳的中南公司,重新谋职。

起初,在一次外出推销钟表的途中,正在彷徨未来走向的李嘉诚在九龙的半岛酒店遇到了一个叫李嘉茂的人,就是这个名字竟与他有几分相像的中年人,让李嘉诚对自己未来的人生重新进行了思考。李嘉茂,广东惠州人,也是战前从惠州逃亡来港的难民,当时已经自己成立了一个小厂,推销日用产品,如镀锌铁桶等。

惠州与潮州,乃是毗邻而居,李嘉诚听到后十分兴奋。两人一见之下无话不谈,竟然相见恨晚。

李嘉诚回去后思绪翻江倒海,面对日复一日的钟表业工作和前途未卜但潜力巨大的新行业,李嘉诚再三思考。在李嘉茂的"忽悠"下,终于,他选择了后者,因为,他喜欢做充满挑战的事。

然而,要亲口告诉舅舅离开钟表店对他来说难免有些困扰,于是,李嘉诚先跟母亲表明了意向,而李嘉茂则自告奋勇去庄静庵那儿"打前阵"了。

当李嘉诚跟母亲说了自己的打算后,母亲庄碧琴对儿子的再次"跳槽"另谋前程表示担心。李嘉诚却说:"与其这样为了生计让我在表店里混日子,倒不如让我放开手脚,到外边去做我自己喜欢的事。"没有谁比庄碧琴更了解自己的儿子了,她知道李嘉诚尽管才刚刚成年,但绝不是一个没有理想、轻率行事、三心二意的年轻人,于是也就默认了。

李嘉茂的拜访让庄静庵意识到李嘉诚的不同寻常，他有些后悔因为自己的因循守旧让李嘉诚对钟表业失去信心。然而，庄静庵终究也是一步步走过来的，他十分清楚李嘉诚总有一天会走出去，自己闯一番事业的。于是，在新年之初，李嘉诚提出辞职的时候，庄静庵甚为冷静地同意了。李嘉诚对舅舅十分感激。

庄静庵虽然心中不悦，但他知道，李嘉诚并不是一个简单的孩子。他见解独到，并且不甘于只是谋生。庄静庵说："万一将来你谋生并不如意，还想回到我的中南表店，只要你说句话，我随时都双手欢迎。"

1946年年初，李嘉诚进了李嘉茂小小的名不见经传的五金厂，做了行街仔（推销员）。

进入新公司，进入新行业，挑战又接踵而来。首先是行街推销。李嘉诚生性腼腆、内向而不喜主动交谈，即便是数十年后的今天，李嘉诚每每出席重大场合，仍不是个滔滔不绝、谈锋犀利的人，而会刻意避开展示自己的机会。然而，年幼且读书出身的李嘉诚却要行街向不知谁买，甚至不知谁有意向要买的人们推销，这不能不说是一件窘迫为难的事情。

然而，李嘉诚坚持下来了，并且主动出击寻找客户，主动寻求合作，激发合作意向。他说，他一生最好的经商锻炼，是做推销员。

但是不可否认，在最初接触行销时，李嘉诚并没有自己想象中那么轻松，而是十分紧张。为了缓解这种紧张情绪，李嘉诚不得不做最充足的准备，他总是事先了解好有关推销的所有知识，等十分熟悉推销的产品后，还要在出门前或者路上提前把要说的话都统统准备好，准备充分，并且想象合适的情景加以应对解说，关注顾客最细微的心理神态反应，还反复练了又练。就这样，李嘉诚渐渐适应了这种职业。

在五金厂，李嘉茂给了李嘉诚这样一个奇特的规定：根据你每月推销多少产品最后决定你的薪水。推销得越多，给你提成就越多。如果你每月能推销500只以上，我还要在固定薪水之外，再奖励你一定数额的钱。

这种新奇的模式让李嘉诚十分佩服。既能保证厂子的基本营业量，又能调动推销员的积极性，还能用多劳多得来达到厂子与员工的共赢，真可谓一举数得啊。正因为如此，李嘉诚前所未有地为自己的销售开动脑子，工作的劲头格外地大。与此同时，他的推销也开始渐渐自信十足了，他用自己独特的敏锐观察力和分析力发现了"第一桶金"。

由于五金厂是日用出品厂，如镀锌铁桶这一项，最理想的客户就是卖日杂货的店铺。在当时，由于还没有兴起超市等大型集中市场，只能通过无数小散户来卖产品。在这种形势下，所有的销售员都拼命去争取，竞争自然激烈。

李嘉诚却并没有急于进去争一杯羹，他想："如果我想在五金厂立稳脚跟，就必须做几单大生意。"而这种拼客户的模式只能形成恶性竞争，根本没有办法从中获取丰厚的利润。

而放大视野一看，李嘉诚便发现，店铺在卖这些镀锌铁桶时还会加价卖给顾客，那么，为什么不能由李嘉诚自己直接跟顾客接触呢？既可以适当减少卖出价来引来更多的客户，又能避开销售竞争对手，岂不一举两得？这一举动，便是李嘉诚绕开代销线路，向用户直销的先锋艺术，开启了销售业的崭新销售模式。

决定直销铁桶后，他首先看中了香港几家大酒店。在繁荣的香港，酒店林立，而且据多次调查，他发现这些酒店的客房中均需要这类小铁桶，只是，由于五金厂的名声太小，酒店并不曾放在眼里，甚至会对来推销的人当场下逐客令。他们毫无疑问会选择知名度高的厂家的产品。

面对这种不利情况，李嘉诚并没有气馁，他稳重的个性这时又发挥了优势的作用。李嘉诚选择了首先了解市场同类销售及产品的情况，他有了一个欣喜的发现：李嘉茂的产品居然是质优价廉。

于是，他再一次来到了君悦大酒店的前门，这是一家大酒店，而且常年与同样生产镀锌铁桶的名厂凯腾合作。李嘉诚设法进入了酒店，通过好心的女秘书见到了酒店老板。李嘉诚的诚恳打动了酒店老板，他们终于得以交谈。

李嘉诚直接表明了凯腾的弱点，用随身携带的自己的镀锌铁桶做了实物展示。酒店老板在经过实际分析后发现，这位儒雅的小伙子的确说出了实情。就这样，这位老板立刻就订下了500只小铁桶的订单。李嘉诚一炮而成。与此同时，李嘉诚也没有放弃小的家庭客户，他采取了上门服务、免费宣传的方式。

　　家庭用户都是散户，每户家庭通常只要一两只。高级住宅区的家庭，早就使用上铝桶。李嘉诚来到中下层居民区，专门向老太太们推销镀锌铁桶。李嘉诚的分析很是为他帮了大忙：因为老太太不上班闲居在家，喜欢串门唠叨，自然而然可以为李嘉诚的镀锌铁桶说上两句话，真可谓成了李嘉诚的"义务推销员"。只要卖动一个，就等于能卖出一批，非常节省人力。

　　在这种销售模式下，只经过短短的一年，李嘉诚便已经为小铁桶的推销打开了一条顺畅的销售渠道。

　　然而，就在李嘉诚的销售业绩如日中天、五金厂也蒸蒸日上的时候，李嘉诚却再次辞职了！这一次，李嘉茂同样没阻止他。李嘉诚诚心感谢李嘉茂，并表示，不会抢他的客户。

　　于是，李嘉诚再一次腾飞了。

第二章　艰难创业

——绝处逢生，成一代"塑胶花王"

风风火火建"山寨厂"

1950年夏天，22岁的李嘉诚终于辞去总经理一职，尝试创业。

有一分耕耘便会有一分收获，经过几年的努力打工和勤俭节约，以及母亲在操持家务的同时积攒下来的钱，李嘉诚认为条件已经基本成熟了。他向叔父李奕及堂弟李澍霖借了4万多元，再加上自己与母亲的积蓄，总共用5万余港元资本，走进了香港的筲箕湾。

为了找到一个便宜的能够进行塑胶生产的厂房，他几乎跑遍了整个香港，最后才找到这个地理位置偏僻，有一组无法遮风挡雨的破旧厂房的地方。这座厂房原来是一家仓储公司的备用仓库，是许多年前兴建的简易房子，墙破瓦裂，被人们称作"山寨厂"。但李嘉诚已经相当满意，他立刻决定，要在这里开办一家工厂。

后来，关于他建厂时积攒的钱，他是这样说的："我之所以能拿出一笔钱创业，是母亲勤俭节省的结果。我每赚一笔钱，除日常必用的那部分，剩下的全部交给母亲，是母亲精打细算维持全家的生活。我能够顺利创业，首先得感谢母亲，其次要感谢那些帮助过我的人。"

李嘉诚，就是用这样低调的感恩品质一步步建立起了自己辉煌的前景。

当时，中华人民共和国成立不久，百废待兴。香港也逐渐摆脱经济低迷状态，开始随着世界经济的起步复苏。到1950年，香港人口激增，转眼便接近200万了。而当时港府制定出新的产业政策，也使香港经济从此由转口贸易型转向加工贸易型。这毫无疑问给香港带来大量的资金、技术、劳力，也使香港本地市场的容量扩大了许多。

李嘉诚为自己亲手创立的厂子起名"长江"，取"长江不择细流，故能浩荡万里"的含义。他选择的是塑胶业。那时，塑料用具、塑料玩具在欧美和香港很有市场，产品几乎是供不应求，再加上塑料厂投资少，见效快，很适合小本经营，而且，李嘉诚已经拥有了全套的塑胶技术，可以毫不费力地进行重组发展。事实证明，他的创业选择是正确的。

在李嘉诚创业成功的因素中，除了他的勤奋实干和胆识，以及敏锐的商机洞察力之外，还有一点极为重要，那就是他独特的人格魅力。在李嘉诚的一生里，几乎所有人都对其人品风度表示了极大的崇敬。而这正是李嘉诚"一诺千金"的诚信宣言。窦应泰先生曾讲过这样一个小故事：

一天上午，有人来到筲箕湾的"长江厂"来寻访李嘉诚，穿着破旧的工装在车间里和工人们调试一台新机器的李嘉诚接待了这位来客。这身打扮让对方十分惊讶。然而李嘉诚坦然而笑，说道："唉哟，原来是我的老朋友来了！"像从前当推销员时那样，李嘉诚对待来访的客人都是以礼相待。

他把来客请进自己的临时办公室，热情招待，然后与来客闲聊起来。客人见了桌上的新产品，于是有些兴奋地说道："李先生，我就是前来找您商量进货的。刚才我到了您从前供职的万和塑胶公司，才知道您如今已经自己当厂长了，那么就更好了，从今以后，我们索性就不再到万和公司进货了，还是找您李先生进货方便可靠，因为朋友还是老的好嘛！"

李嘉诚听了，心里顿时沉甸甸的。他记起临离开万和塑胶公司前曾经对王东山拍胸发过的誓言："我绝不会抢贵公司的客户，我的产品必须要靠重新开发的新销售渠道来进行销售。"

虽然目前厂子情况艰苦，很需要一位客户来帮助渡过难关。然而李嘉诚从小受到的良好教育，使他决定——不能因为眼前的蝇头小利而破坏了自己做人的准则。

于是他委婉地谢绝了前来订货的老朋友，并解释道："我的长江厂毕竟是刚刚试生产，产品质量肯定无法和已有多年生产经验的万和公司相比，所以，今天我不能把我的货卖给你，请老朋友谅解吧。"

李嘉诚如此恪守为人准则，讲求信誉和保证让这位客人大为感动。自此，李嘉诚诚信之名渐渐在行内传开了，而他的厂子也真正开始风风火火地建设起来了。

工作"流水账"

由于资金有限，李嘉诚选择了最简便的方式：设备利用其他塑胶厂淘汰的旧机器进行复修改造，人员选择当时人工薪金比较低廉的打工者，技术则由自己亲自教授，然后再由他们具体操作练习。

为了省下每一分钱，李嘉诚从不坐出租车，路途近的，就步行前往，稍远一点的距离，就乘公交车；在工厂里，李嘉诚身兼数职，既做设计、财务、销售，又做生产、后勤，企业的所有工作，没有他不做的，每天工作十几个小时。不过，仍有他不会的，譬如做账。他并没有选择简单的方式——请人来做，而是决定抽时间看有关书籍自己学。

李嘉诚说："当时做好后，就问审计员我的账做得对不对，他说我做得很好，可以上报给政府了。我听了很高兴。我没有经验，但我通过阅读会计书自己学习。如果你想看懂资本负债表，就需要懂一点会计知识，我很多事情都是自己亲自动手，因此公司的管理费用非常低。"

对这样的艰苦环境，李嘉诚表示"我并没有什么比别人强的地方，只不过我比别人更能吃苦，更努力"。他对自己的厂子充满信心。

曾有文章这样描述李嘉诚每日的工作：

他每天大清晨就外出推销或采购，赶到办事的地方，别人正好上班。他从不乘出租车，距离远就乘公共巴士，路途近就双脚行走。他是那种温和持稳、不急不躁之人，他行走起来却快步如风。因为他的时间太紧了，既要省出租车费，又要讲究效率，这是环境造就的。

看有关汕头大学的报道我们就会发现，李嘉诚60多岁，仍保持疾步的习惯。据汕头大学的教师称，李嘉诚在他捐赠兴建的汕大视察，上楼穿堂，步履矫健快速，陪同他的中年教师都气喘吁吁，颇感吃力。这不能不让人联系到这种习惯是他早年创业留下的。

中午时，李嘉诚赶回筲箕湾，先检查工人上午的工作，然后跟工人一道吃简单的工作餐。没有餐桌，大家蹲在地上，或七零八落找地方坐。晚上，李嘉诚仍有做不完的事，他要做账；要记录推销的情况，规划产品市场区域；还要设计新产品的模型图，安排第二天的生产。业余自学，是不可间断的，塑胶业发展急速，日新月异，新原料、新设备、新制品、新款式源源不断被开发出来，他总觉得时间不够用。

那时，李嘉诚住在厂里，每星期回一次家，看望母亲和弟妹。规模稍扩大后，他在新蒲岗租了一幢破旧的小阁楼，既是长江厂的写字间，又是成品仓库，还是他的栖身处。那时的李嘉诚，把自己"埋"进了长江厂。

等到第一次看到产品从压塑机模型中取出来，李嘉诚异常兴奋。自己手把手教的第一批"门外汉"工人，居然可以自己造出塑胶产品。一贯省俭的李嘉诚破例奢侈一番，带工人一道到小酒家聚餐庆贺。

后来，每每想到这时的情景，李嘉诚便会说自己是个悭吝之人。其实，他的部下都说，他是个"悭己不悭人"的人。后来，长江厂一有盈利，李嘉诚就抽钱出来，尽量改善伙食质量和就餐条件。草创时期的长江厂条件异常艰苦，却鲜有工人跳槽，足见李嘉诚在待人上实在是无话可说的。

遭遇灭顶危机——退货

正当李嘉诚斗志昂扬的时候，不幸的事情发生了。

李嘉诚有很多睿智的言语，让人很受启发："人生自有其沉浮，每个人都应该学会忍受生活中属于自己的一份悲伤。只有这样，你才能体会到什么叫做成功，什么叫做真正的幸福。"

的确，李嘉诚本人也是历经无数挫败艰难才走到今天的，回首以前的那些艰苦岁月，他明白其中蕴藏的真理。

在最初的日子里，由于李嘉诚对推销轻车熟路，第一批产品很顺利就卖出去了。他开始收到不停飞来的订单，第二批、第三批、第四批……就这样，资金也开始回笼，他继续招聘工人，经过短暂的培训就单独上岗。实行三班倒工作制，开足马力，昼夜不停出货。

然而，埋藏的危险因素也开始一步步显现出来。老化的设备终究很难生产出质地优良的精致产品，再加上李嘉诚能够生产的产品只有儿童玩具和塑胶水壶、水桶，然而当时的香港市场已经有西方进口的更精致的塑胶玩具等精美制品。而且，李嘉诚麾下的工人多为农民出身，一般都不能掌握先进的技术，所有这些不利的因素，在李嘉诚建厂初期无疑会拖后腿。

但是，李嘉诚毕竟还是个年轻的小伙子，创业之初的小小成功使他并没有充分意识到这些问题，同时他也小看了商战中的变幻莫测的暗礁。危机正在一步步逼近，一家客户宣布他的塑胶制品质量粗劣，要求退货。意外的打击给了春风得意的李嘉诚一记当头棒喝，他不得不冷静下来，处理质量问题。

然而，似乎为时过晚。生产线继续运转，而产品质量也愈来愈粗劣，手中攥着订单，催货的电话不断。李嘉诚骑虎难下，延误交货就要罚款，连老本都要贴进去，无奈之下他亲自蹲在机器旁监督质量。他心里清楚，他太急躁了，一味追求数量，而忽视了质量问题。

结果不仅是延误了交货时间，推销员还带回了更为糟糕的消息——客户拒收产品，还要长江厂赔偿损失！连串的退货与赔偿要求让工厂顿时陷入困境，加上原料商纷纷上门要求结账还钱，银行又不断催还贷款，而竞争日益激烈的塑胶制品早已过了"皇帝女儿不愁嫁"的好年景，粗劣的产品必然会被逐出市场，"长江"被逼到了破产的边缘。

慈母醍醐灌顶的启示

李嘉诚自从投身商海，无论在何种行业中谋生，他都以诚信和稳健获得好评，即便他刚踏入香港这个繁华的社会时，虽处处坎坷，但也很少发生遭人否定的难堪。然而他万万没有想到，这次他倾尽家中的全部积蓄办厂，竟然因为一个他从未意识到的错误而让厂子濒于破产倒闭的边缘。

危机之中的李嘉诚，似乎又回到了当年初出茅庐时的彷徨无措。更为严重的是，这次失误，却是他自己造成的。背负的债务无法偿还，还有数名工人的工资也毫无着落！这一重击，足以将他彻底摧毁！那些日子里，李嘉诚的脾气不免暴躁，动辄训斥手下的员工，全厂士气低落，人心浮动。

李嘉诚失魂落魄的样子，母亲庄碧琴看在眼里，她知道，刚刚建成的厂子，也许就要面临着顷刻间分崩离析的结局。但庄碧琴并没有被击倒，她羸弱的身体里面有着更加顽强的意志。她劝李嘉诚道："产品不能贪多，也不能马马虎虎，如果我们是顾客，到市场上去选购商品，也是要挑挑拣拣。阿诚，如果你要花钱去买一件玩具，摆在面前有十几种，甚至几十种同类产品，你会随便掏钱去买这种粗劣的玩具吗？"李嘉诚更加难过了。笃信佛教的庄碧琴温和地说道："阿诚，你现在才22岁，失败一次并不是坏事。也许这正是你爬起来再干的开始啊！男子汉大丈夫，要紧的是能不能再爬起来。"母亲不懂经营，但懂得为人处世的常理，她用虔诚的佛教故事来舒解儿子心中的郁结。

母亲给他讲善有善报、恶有恶报的因果报应学说，告诫他诚实做人、老实做事是取得一切成功的不二法门。同时，告诉他佛的宽宏和海量，只要自己诚实待人，诚心改过，就会峰回路转。母亲的一番劝诫和教导，使李嘉诚如醍醐灌顶，很快他就决定，必须尽快行动，才能在不可收拾之前减缓这种趋势，甚至扭转形势。

一个"诚"字渡难关

　　他立刻赶回工厂，制订危机处理计划。有人将企业的主人比作一船之长并不是没有道理的。只有船长正确领航，才能力避风险到达彼岸。即便是出现失误，只要能尽早改正，便能尽早走上正轨。

　　面对产品积压，没有进账，原料商仍按契约上门催交原料货款的情况，李嘉诚心急火燎，但只能诚恳地赔罪，保证尽快付清货款。然而原料商似乎并不相信李嘉诚真的能扭转局势，要不出欠款，便扬言要停止供应原料，并要到同业中张扬李嘉诚"赖货款的丑闻"。这无疑是一道绝命撒手锏。李嘉诚明白，如果这样，他就再也无力回天了。

　　与此同时，银行得知长江陷入危机的消息，便派职员来催贷款。已经焦头烂额的李嘉诚不得不赔笑接待，恳求银行放宽限期。因为银行掌握企业的生杀大权，长江面临遭清盘的危机。

　　在这种情况下，李嘉诚咬牙坚持，仔细查看产品后归类，发现长江厂只剩下半数产品品种尚未出现质量问题，于是决定暂时裁减员工。李嘉诚召集员工开会，他坦诚地承认自己经营错误，不仅拖垮了工厂，损害了工厂的信誉，还连累了员工。他向这些天被他无端训斥的员工赔礼道歉，并表示，经营一有转机，辞退的员工都可回来上班，如果找到更好的去处，也不勉强。从今后，保证与员工同舟共济，绝不只顾保全自己，而损及员工的利益。

　　紧接着，李嘉诚一一拜访银行、原料商、客户，向他们认错道歉，并保证在放宽的限期内一定偿还欠款，对该赔偿的罚款，一定如数付账。李嘉诚毫不隐瞒工厂面临的随时都有可能倒闭的危机，恳切地向对方请教拯救的对策。

李嘉诚的诚恳，得到他们中的大多数人的谅解，银行不再发放新贷款，但表示可以放宽偿还贷款的期限。原料商同样放宽付货款的期限，对方提出，长江厂需要再进原料，必须先付70%的货款。而那些依旧埋怨指责"长江"的客户，最终也都被李嘉诚的诚意打动，表示可以谅解。

这些措施让李嘉诚终于抢得了一些时间，十分有限的回旋余地也仍然让他看到了希望。李嘉诚半刻不懈怠地抽调员工，对积压产品进行了彻底严肃的普查。对于质量不合格或款式过时的一部分进行返厂重造，对于质量一般的，基本可以做正品推销的产品，全部以极低廉的价格，卖给专营旧货次品的批发商，或者自己外出亲自向散户推销。这样一方面不会再损害长江的信誉，另一方面可以暂时回收一部分资金以偿还部分债务。这样，在资金逐步回笼中，李嘉诚的长江塑胶厂终于出现转机，"封厂"危机解除了。

后来，李嘉诚在谈到这次危机时表示："人们过誉称我是'超人'，其实我并非天生就是优秀的经营者，到现在我只敢说经营得还可以。我是经历过很多挫折和磨难，才悟出一些经营的要诀的。"此话不虚。

复苏的长江

在长江厂完全渡过难关之后，当初被裁减的员工又都被李嘉诚请了回来，还补发了这部分工人离厂阶段的工薪。这一举动令长江的所有员工打心底对这位老板充满了感激和敬佩。

当李嘉诚的长江厂可以继续生产的时候，李嘉诚很是感慨，他意识到，要想长久立足，诚信与质量保证必不可少。与此同时，只有改进才有机会与香港经济齐头并进，而不是举步不前。李嘉诚开始耐心考察香港市场的塑胶产品，他要设计出具有长江自己独特风格的新产品来。

李嘉诚与工人们一起，把从前被客户退回的玩具进行了回炉，模具重新或局部修改，出品后进行细致打磨。经过他对旧产品的重新改造和再次投放市场，新机遇来临了。

由于当时李嘉诚选择的新市场是经济较为滞后的周边地区，譬如台湾地区当时尚未有塑胶产品面市，尤其是塑胶儿童玩具十分鲜见。李嘉诚亲自带人去台湾推销，并且主动把这批玩具的售价压低到最低限度，物美价廉的塑胶玩具让儿童们爱不释手，市场的销路十分看好，结算时竟然取得了意想不到的效益。

有了这些陆续回笼的钱款，到了1954年秋天，李嘉诚几乎还清了绝大多数从私人手中借用的钱款，从前的声誉回来了，李嘉诚一度丧失的信心又重新树立起来，当初那些陈旧的机器经过几年的精心修理和更换零部件，如今可以达到先进水平了。新的产销局面，鼓舞着他。

新型的塑胶模具是李嘉诚在两年中对比香港近300家塑胶公司最新上市产品所进行的全新设计，据行业人士观测，这些设计精美、格调清新的模具，明显要比香港市场上正在畅销的同类产品高出一筹。例如他设计的儿童手枪型玩具，不但样式独特，有右轮枪、驳壳枪、撸子枪，同时还有当时在香港极为少见的卡宾长枪、坦克车类玩具枪。

与此同时，教训依然在李嘉诚心里挥之不去，他诚心接受了前次失败和退货的惨痛教训，这一次做得谨慎而成熟：稳妥出击，少量生产，先行上市，造成影响。他明白，刚刚初创的企业必须保持稳健的经营态度，留有足够的现金盈余，保证自己不管面对多少风浪都能活下来。

宝贵的经验和用心血设计出来的新产品终于带来了新的丰收，长江的产品在香港市场上成了抢手货。

1954年冬天到1955年秋天，是李嘉诚的长江厂冲出低谷的复苏时期。历经5年的磨砺，让李嘉诚真正成熟起来。他的急功近利的心态已经消失得无影无踪，并且在日后几十年的时间里都没有改变。

长江厂开始进入初创时的辉煌，产品由于物美价低，很快就在300多家互相竞争的塑胶厂中脱颖而出，成为香港塑胶产品市场中的佼佼者，并且一路直上。

也是这一年冬天到来的时候，长江厂里洋溢了前所未有的欢庆气息。因为年终结账,李嘉诚不但偿还了包括香港两家银行在内的所有贷款,而且还有了可观的盈余,他终于变成了真正意义上的"老板"。

日夜祈祷的庄碧琴看到儿子多年紧锁的眉宇终于舒展开来,心里有说不出的高兴。但多年的经验告诉庄碧琴,愈是成功,愈要冷静。庄碧琴提醒李嘉诚:"阿诚,你千万不要兴高采烈,更不要趾高气扬,要记住,你到任何时候都还是一个普通人。"

李嘉诚的舅舅庄静庵老人则大为不同。当他在旧历新年的晚上与外甥同桌同饮时,脸上绽放出灿烂的笑容,庄静庵对李嘉诚说:"阿诚,从前我小看你了。从今以后,我会把你当成一个大人看。你将来,会比我强啊!"

此时,李嘉诚心中感慨万千。舅舅的事业如日中天,有的中南表店已经开始自己研制新式手表,而钟表业经过最近几年的拼搏和开发,也早已进入钟表工厂生产的正常轨道。当初他离开时的一句建议"舅舅为什么就不能自己生产钟表呢"终于没有白费,也算是报答了老人对他们家的一片恩情。

李嘉诚自己也没有放弃寻求新的机遇与发展的途径。他除了每天工作10多个小时外,还会自修功课。临睡前,作为最后一个功课——翻杂志,李嘉诚也认真到无以复加的程度。无数个夜里,他从这些中英文杂志中汲取了大量的知识和信息。

转眼,勤奋便让李嘉诚与机遇迎头而遇了。

发现"塑胶花"

长江厂在腾飞,然而,具有远见,并不甘于做平庸之辈的李嘉诚很快便意识到,长江厂只不过是香港300多家塑胶及玩具厂中的一员罢了。经营状况良好,但虽经改进却仍然缺乏鲜明的特色。如果只靠着香港工资低廉,而让产品廉价的话,那什么时候港产货才能以质优款新而称雄国际市场?他渴望有个新突破,让自己和长江脱颖而出,叫响国际市场。

1957年初的一天,李嘉诚在阅读新一期的英文版《塑胶》杂志时,忽然眼睛一亮,他发现有一个栏目竟然是整整一版意大利最新塑胶制品的介绍，彩页上登载的几乎都是五彩缤纷的塑料花，如果不仔细观察，还以为是真正的鲜花呢！有雪白的月季、鲜丽夺目的郁金香、马蹄莲、蝴蝶兰和各种碧绿的草本植物，简直让人叹为观止。

李嘉诚大开眼界，新闻说意大利一家公司利用塑胶原料制造塑胶花，全面倾销欧美市场，这给了李嘉诚很大灵感。一直苦苦寻找突破口的李嘉诚，如迷途的夜行人看到亮光，兴奋不已。他敏锐地意识到，这类价廉物美的装饰品有着极大的市场潜力，而香港有大量廉价的劳工正好用来从事塑胶花生产，他预测塑胶花也会在香港流行。于是，为了先机而胜，李嘉诚马不停蹄地开始奔走了。

兴奋的李嘉诚第一个告诉了母亲。他这样问母亲道："娘，在咱们香港，有多少人家在养花草，您老人家知道吗？您老人家是否注意到，都是什么样的人家喜欢养花呢？"

庄碧琴怀着疑惑望着兴奋的儿子，凭直觉说出了自己的看法。这样一来，李嘉诚就更胸有成竹了，他卖了个关子说："如果有一种花，既不需要浇水，也不需要松土，而且每天摆在房间里，不管气候如何，它始终都那么艳丽地开放着，那么家里没有人的家庭，会不会喜欢这种花呢？"庄碧琴嗔怪地对儿子笑了。李嘉诚却正儿八经地对母亲说："是真的！娘，我们长江厂这次要彻底翻身了啊！我们要制成像真的鲜花一样的塑胶花，投放市场！"

然而，当李嘉诚把这个消息带到厂里的时候，事情并没有像想象中那样顺利进行。李嘉诚新请来的资深塑胶工人摇着头对他说，他们根本制不成这样的花，因为他们的技术只够做一些基础的硬塑料产品。

李嘉诚不是不懂技术，他知道，自己太兴奋了，以至于忘记了这些基础的问题。不过，他并未因此气馁。因为并不是没人能造出这种花来啊，既然他们能造出来，那么我们也可以学过来啊。

翌日，他登上飞机，飞向了一个对他一生来说至关重要的地方。

取"真经",暗度陈仓

1988年4期香港《星岛经济纵横》评论道:"李嘉诚发迹的经过,其实是一个典型青年奋斗成功的励志式故事,一个年轻小伙子,赤手空拳,凭着一股干劲勤俭好学,刻苦而劳,创立了自己的事业王国。他常言:追求理想是驱使人不断努力的最主要因素。"

李嘉诚所飞往的城市,就是塑胶花盛开的地方——意大利。这是他第一次坐飞机,也是一次非常有价值的飞机旅行。

1957年的春天,李嘉诚踏上了意大利的大地。走出机场候机大厅时,米兰弥漫在一派迷蒙的朝雾中,就像他的这次冒险一样。但他清醒地知道,若要捷足先登抓住这一商机,就必须尽快掌握生产塑胶花的技术。

李嘉诚在一间低档旅社安下身,便急不可待地去寻访米兰的维斯孔蒂塑胶厂地址。然而他突然意识到,关于新技术,厂家一定有着非常严格的措施来保守与戒备,并非能轻而易举地学会的。而自己的厂子虽然有起色,但比起一大笔昂贵的购买技术专利的费用来说,实在是杯水车薪。而且,即便是买到了,也会因为其要在充分占领市场,赚得盘满钵满之后才肯卖给自己。而自己只能亦步亦趋,何谈成为塑胶业的佼佼者?这一层思考让李嘉诚出了一身汗。他一夜难眠,只好决定,在参观完塑胶厂之后就回国,因为,在意大利这样的大城市逗留,无异于浪费金钱。

第二天,李嘉诚以香港经销商的身份,进入这家公司,参观了琳琅满目的塑胶花。李嘉诚一面询问有关塑胶花的知识,一面暗自下定决心克服万难获取技术。

也是天助,就在李嘉诚等候购买回程机票的时候,他在购票窗口见到了一张招工广告,上写:本公司现缺勤杂工三名,供料工两人。凡米兰常住人口,或者外国人均可报名应试。录用者试用期一个月,转正后发给所有正式工人应有的劳保待遇,并增加工薪……署名,正是李嘉诚梦寐已久的塑胶厂。

于是，一个大胆的决定产生了，李嘉诚要打工学艺。便如同在原来的塑胶厂那样，学到全盘技术。就这样，李嘉诚进入了这家公司的塑胶厂，根据招工启事上的要求，凡是年满20岁的本土人或外国人均可报名，李嘉诚被派往车间做打杂的工人。据说，由于老板贪利，才把本不能打工的李嘉诚招了进来，只给他不及同类工人一半的工薪。然而，李嘉诚已经太满足了。

李嘉诚当时负责清除废品废料，在工作中，李嘉诚勤奋而机警，如同"国际间谍"般全面观察每个工作流程。收工后便把所观察到的一切记录在笔记本上。

假日里，李嘉诚便大方地邀请数位新结识的工作朋友到餐馆吃饭，这些朋友都是某一工序的技术工人，李嘉诚十分虔诚地向他们请教有关技术，他们对于这位勤奋的工友十分有好感，把自己知道的不吝啬地告诉了他。这样，李嘉诚很快便逐渐掌握了塑胶花的技术。

站在今日的角度，我们可能会感到李嘉诚的行为有悖商业道德。的确，他未经允许便暗自取得了别人研制的专利，并且自主生产销售。然而在专利法还不健全的20世纪50年代，李嘉诚的举动其实是可以理解的。

关于这个"取经"版本，后来李嘉诚曾做过解释，说并未去过意大利，是全厂在取得很多知识后研发出的。由于一带而过的描述无法让人知其详情，我们暂且不一而述。

总之，李嘉诚便是在这样一个塑胶花新产品的契机前取得了包括技术在内的一切，顺利返回了香港。

李嘉诚满载而归。随机到达的还有几大箱塑胶花样品和资料。不过，这一系列动作，却是暗地进行的，秘而不宣的策略是李嘉诚面对绝地反攻契机时的冷静之举。

回港后，李嘉诚立刻兼程回到长江塑胶厂。他不动声色，只是把几个部门负责人和技术骨干召集到他的办公室，把带来的样品展示给大家看。众人为这样千姿百态、栩栩如生的塑胶花拍案叫绝。

在长江厂简陋的车间深处，他组成了一个攻坚小组，专门研制新型塑胶花的工艺，以便尽早上市，并准备在一炮打响以后马上进行批量生产。与此同时，李嘉诚知道，若想让外来花卉开遍香港，必须进行本土化，他要求技术人员们顺应本港和国际大众消费者的喜好，设计出全新的款式，不拘泥植物花卉的原有模式。当时，李嘉诚四处寻访，重金聘请塑胶人才。李嘉诚把样品交给他们研究，要求他们着眼于三处：一是配方调色；二是成型组合；三是款式品种。他还给所有参与此事的攻坚小组下了一条死命令，在塑胶花正式生产之前，任何人也不得向外泄露这一秘密，因为，一人泄露，便意味着可能要全盘皆输。

终于，技术人员经过反复试验，把配方调色研定到最佳水准。昼夜奋斗带来了奇效，李嘉诚与技术人员们做出不同色泽款式的"蜡样"，走访了不同消费层次的家庭，竟一致获得了好评。于是，大好时机来了！

"塑胶花王"一夜名满天下

1957年10月11日，"塑胶花总进攻日"——李嘉诚在香港发起塑胶花促销大战的第一天来临了。

为了这一天，李嘉诚的塑料厂员工夜以继日地工作，加班生产。他要在第一天便全面占领市场，造成盛大的轰动态势，同时，让其他企业没有喘息的时间，跟风抢占市场。所以在此之前，他和全厂员工都是共同遵守秘密，对外也一律守口如瓶。

然而就在长江厂塑胶花上市的前两天，李嘉诚忽然获悉一个让他胆战心惊的信息：香港最有名气的英资百货公司——莲卡佛国际有限公司已与意大利的"维斯孔蒂"塑胶厂签订了首销塑胶花5000束的协议，并且要在10月15日在该公司所有的连锁店里同时展销。

李嘉诚获悉此信后，马上在香港提前进行盛大展销。李嘉诚想到了一点：价格。自然，填补空白的产品市场很容易卖高价，即便是意大利进军香港，同是高价位竞争，自己也不见得输。

但李嘉诚不是一个贪心的人，他认为，价格昂贵必少有人问津，必然难以尽快打开市场。他希望以"物美价廉"立足香港。由于李嘉诚的塑胶厂是批量生产的塑胶花，成本并不高，李嘉诚在经过成本预算后，大胆做了一个决定："低价位，多销点"的经商策略——卖得快，必产得多，"以销促产"比"居奇为贵"更符合商界规则。这一决定得到了厂内骨干的鼎力支持。

塑胶花以中低档价格一面世，立刻便显现出了它特有的优势。

当天，在李嘉诚暴风骤雨般的攻势前，香港媒体哗然。

等到香港英资公司莲卡佛的连锁店推出意大利的原版塑胶花时，市场已经被长江厂占领了。两相对比，差异巨大：意大利塑胶花走的是高档路线，作为奢侈品价格不菲，只有少数洋人和华人富有家庭购买。而李嘉诚的塑料花则走的是大众路线，价格适中，成为大众蜂拥抢购的新货种。同时，意大利的塑胶花虽然质量较好，但因为花样口味并不适合香港文化；而李嘉诚的塑胶花却是尽显本地风光，故而，一推出便博了个头彩。

这一次转型给长江带来了滚滚财源，全厂上下情绪高昂。

客户蜂拥而至，为物美价廉的塑胶花更添一份喜庆。他们爽快地按李嘉诚的报价签订供销合约。有的为了买断权益，甚至主动提出预付50%订金。李嘉诚细致梳理了经销商的销售网络及销售情况，尽可能达到人货匹配供给最大化，很快塑胶花就风行香港了。老一辈港人记忆犹新，几乎是在数周之间，香港大街小巷的花卉店，摆满了长江出品的塑胶花。寻常百姓家、大小公司的写字楼，甚至汽车驾驶室，都能看到塑胶花的倩影。长江塑胶厂蜚声香港业界。

然而自古花开一家的好事都不会持续太久，等待长江厂的，是后来居上的同业公平而无情的竞争。李嘉诚这次并没有沉浸在首战告捷的喜气中忘乎所以，他果断进行了市场加固和设施、资金、租赁厂房等更新。在陈美华和辛磊的著作里，提到了李嘉诚的迅速成长与学习：他看好股份制企业，决定分两步走。第一步，组建合伙性的有限公司；第二步，发展到相当规模时，

—37—

申请上市，成为公众性的有限公司。

但是李嘉诚没有料到的是，这一次进攻塑胶厂的，不是市场产品，而是借媒体炒作。对手十分聪慧。

这一天，李嘉诚的秘书将一份《商报》放到了他的办公桌前。李嘉诚一看不由心惊，原来有人发表文章攻击李嘉诚：《且看长江公司的真面目！》文章写道："休看李嘉诚现在呼风唤雨，到处以他的塑胶花哗众取宠，招摇过市。其实他并不是一个真正的企业家，也从来不是什么精通塑胶制品的技术权威。如果翻开他的历史就会让人大吃一惊……"

"李嘉诚所谓的公司，其实不过就是一个大杂院。不但所有厂房都是破烂陈旧的，就是生产塑胶花的设备，也没有一台是货真价实的，都是一些塑胶厂淘汰下来的废旧机器，被他买到手以后，修修补补，勉强维持生产。我们真为那些购买长江公司产品的顾客捏一把冷汗，他们根本不知道，像李嘉诚那样破破烂烂的厂房和家当，又怎么能够生产出敢与意大利名牌产品相抗衡的塑胶花呢？……"

这看似是一件小小的攻击事件，实则会在市场造成惊天大浪。李嘉诚即刻起身，亲自背上一口袋沉甸甸的塑胶花前往香港中环的这家报馆。接待他的，正是报纸主编。

李嘉诚虽然心底震怒，但还是温文尔雅地告知主编，在未经查证之前写出十分偏颇的稿件上报是十分不妥的。他诚挚邀请总编和各位编辑："我很希望各位全面了解一下我的长江公司。"

面对那些五彩缤纷的塑胶花，总编羞愧了。他立刻派有关人员记者全方位进行了解，并且配发了一条全新醒目的通栏标题：《请看李嘉诚创造的奇迹——简陋的厂房设备，优质超群的产品，当今香港工业之翘楚的诞生》。

记者写道："李嘉诚在筲箕湾的公司确实十分简陋，设备也无法与先进工厂的新式机器同日而语。可是，值得读者们先睹为快并为之敬佩的是，李嘉诚在这简陋的条件下生产的优质塑胶花，几乎可与国外最为先进的米兰塑胶产品媲美。这就是李嘉诚的奇迹，长江工业有限公司的奇迹，也是我们香港的奇迹……"

　　这一役,李嘉诚同样打得漂亮利落。而且,令人欣慰的是,《商报》上的图片和新闻,非但把第一次的恶意评说打压了下去,无疑也起到了普通商品广告所难以起到的宣传作用。

　　1957年年末,李嘉诚的工厂迎来了新日子——长江塑胶改名为长江工业有限公司,公司总部也搬到了北角,李嘉诚任董事长兼总经理。厂房分为两处,一处仍生产塑胶玩具;另一处则生产作为长江公司重点产品的塑胶花。

第三章 纵横地产

——雄韬伟略，成就"地产大亨"

涉足地产，不丢塑胶

踏入一个新行业——地产业，是李嘉诚经过深思熟虑后的举措。回顾自己十几年的奋斗历程，李嘉诚说，他感到了前所未有的困惑。"1957年、1958年初，我赚到很多钱，人生是否有钱便真的会快乐？那时候开始感到迷惘，觉得不一定。后来终于想通了，事业上应该多赚钱，有机会便用钱，这样一生赚钱才有意义。"此时，经营塑胶花的成功，也在一定程度上滋长并坚定了他建立伟业的雄心。

塑胶业蒸蒸日上，有着"塑胶花大王"美誉的李嘉诚是不是可以缓一口气，歇一歇？李嘉诚的答案是否定的。对塑胶业，他有着十分清晰的认识。

由于李嘉诚在塑胶业的实力及声誉，他被推选为香港潮联塑胶制造业商会主席。

1973年，因中东战争引发的石油危机席卷全球，全球经济都受到不同程度的影响，全部依赖进口的香港塑胶原料价格暴涨，塑胶制造业一片恐慌。

在这场关系到香港塑胶业生死存亡的危机中，身为潮联塑胶业商会主席的李嘉诚，挺身而出，挂帅救业。由联合塑胶原料公司出面，购进原料，再分配给各厂家。多方努力下，笼罩全港塑胶业两年之久的原料危机很快烟消云散。

李嘉诚在救业大行动中表现出了极大的热情。在危难之中，受李嘉诚帮助的厂家达几百家之多。

与此同时，香港已出现过几次塑胶花积压，原因一是生产过滥，二是欧美市场萎缩。这引起李嘉诚的高度重视。他不再加资塑胶业，而是在发展塑胶业的同时，开始把目光投入当时市场的其他领域。这时，一个契机出现了。

李嘉诚的长江厂房租金剧涨。当时，李嘉诚所租用的厂房签的是短期租约。由于李嘉诚的生意红火，业主肆意长租金，意图狠狠地宰李嘉诚一刀。这让李嘉诚很不满，他思前想后，认为要独立，就要自建地产做业主，而且，自己建造厂房远比租赁来得便宜、实惠。也因此，李嘉诚的眼光逐渐开阔起来。

当时，有数据显示，随着香港渐趋稳定，外迁人口回流与日俱增。1951 年，香港人口才过 200 万，20 世纪 50 年代末，却已逼近 300 万。

李嘉诚敏锐地意识到，目前，较为稳定的香港社会正在迎来其工业大发展的新阶段，伴随居民暴增、商贸业迅速发展，土地、住宅、物业将成为香港非常火爆的产业。香港房荒之势迫在眉睫，有许多土地却还亟待开发。面对寸土寸金的地产业，李嘉诚果断决定，不再加资塑胶业，而是利用手中积聚的 1 亿港元问津地产，涉足地产业。

这岂不是丢西瓜捡芝麻的事？因为在 20 世纪五六十年代，因时局动荡，地产不过是千百行业中一支并不起眼的"跌股"，随时可能因战事陨灭。然而，李嘉诚并不这么认为，他笃定地产业潜力无穷。认为这一举措不但不会扯塑胶后腿，反能刺激长江的发展，在当今塑胶厂林立的困境中形成突围局势，以原始积累蓄养潜力产业。

于是，就有了 1958 年和 1960 年在繁盛工业区和新兴工业区先后兴起的实验点兼塑胶生产基地：在北角和柴湾兴建两座工业大厦，总面积约 1.5 万平方米，半租半用。随即，1963 年以后，他又在新界元朗大兴工程，筹建第三间分厂。

这一系列重大举措，不仅彻底改变了长江的单一模式，同时也彻底改变了李嘉诚的人生轨迹。

李嘉诚所料无误。1964年,香港市场塑胶花工业一片低迷,许多跟风小厂叫苦连天。李嘉诚立刻改变策略方针,果断投产塑胶玩具这一相对具有市场稳定性的产业。

为了继续保持其领先地位,长江及时引进一系列新式生产设备及高水平设计、制模人员,使之能够保证整个生产流程工序及品质。一手操办的产业链较之10年前已不可同日而语,李嘉诚的又一次塑胶事业转型看起来得心应手。

与此同时,李嘉诚沿用塑胶花推广模式,不断更新、扩大广告宣传,有效利用自己的海外资源,全方位出击建立"玩具制造"名气。其时,产品畅销欧、美、澳、非洲等数十个国家,出口额每年高达1000万美元。长江工业毫无悬念地跻身国际市场,成为塑胶玩具出口的"大哥大"。

以物业慢回笼

不再为钱发愁,是不是就意味着李嘉诚可以随意大笔花钱?答案是否定的。

彼时,香港政府为保证香港稳定,出台大量修改条例,刺激地产、建筑业的发展。众多小地产商瞅准时机,大肆购地。借用"卖楼花"模式,试图大赚油水。"卖楼花"式楼宇建设模式是1954年霍英东的首创,即在楼宇尚未兴建之前,就将其分层分单位(单元)预售,得到预付款,即可动工兴建。卖家用买家的钱建,地产商还可拿地皮和未成的物业拿到银行按揭(抵押贷款),一石二鸟。

银行也从中斡旋,为楼宇提供按揭,甚至用户只要付得起楼价的10%或20%的首期,就可把所买的楼宇向银行按揭。银行接受该楼宇做抵押,将楼价余下的未付部分付给地产商,然后,收取买楼宇者在未来若干年内按月向该银行付还贷款的本息。香港地产业由此呈现出一片轰轰烈烈的景象。

不可否认,这种加快资金回收的模式极大地启发了20世纪60年代的炒房家,直奔地产而来的李嘉诚焉肯放过?

令人意外的是,李嘉诚选择了"肯"。其稳健作风再一次发扬光大，李嘉诚面对畸形增长的炒房热，并不急于"大胃口"抢地囤地，而是始终坚持求合适地皮，不按揭贷款；只租不卖，以物业慢收金。这一举措，使李嘉诚被很多人戏称为"保守的新地主"。李嘉诚并不因此而有动摇。他认为，物极必反，且与银行过分地捆绑风险巨大，一损俱损。而以物业收租，虽不可像发展物业（建楼卖楼）那样牟取暴利，却有稳定的租金收入。而且，以物业增值算，时间愈久，租金飙升的总趋势将愈加明显，其效益也必然愈加稳定呈现。

的确如此。1961年6月，"西环地产之王"、潮籍银行家廖宝珊的廖创兴银行发生挤提风潮，存户存款几乎全部用来发展地产的形势令廖宝珊在情急之中突发脑溢血猝亡。这并没有引起相关炒房者的警惕。然而，这并不是一次偶然事件，迅疾而来的是地产牛市很快暴跌。

1965年前后，香港多家银行出现挤提现象。先是本埠小银行"明德银号"宣布破产，随之广东"信托银行"倒闭，历史悠久的"恒生银行"也面临被清盘的厄运，幸而出卖股权给"汇丰银行"才勉强自保……而"汇丰银行"也并非未受波及。

银行危机一直持续了一年有余，在港英政府果断采取紧急措施补救的情况下，挤提风潮终于有所遏制。但大部分银行早已元气大伤，房地产市场更是因此一落千丈，破产者不计其数。而由于李嘉诚采取的稳健措施，挤提风暴只是导致其暂时的物业租金下调，收入部分减少而已，其根基依然坚实。

后来，李嘉诚谈到，在任何领域，跟风生成的东西，也许会流行一时，但生命都不会长久，可谓一语中的。

人弃我取，大购廉价地皮

《全球商业》曾采访李嘉诚道："你相当强调风险，不过外人注意到的却是长江集团屡屡在危机入市，包含20世纪60年代后期掌握时机从塑料跨到地产……你的大胆之举为何都未招来致命风险？"是的。为何李嘉诚逆势而行，不输反赢？

经过近一年的"疗伤期"，银行及房地产业开始缓步回升。

—43—

正当人们有所期待时，一场浩劫又悄无声息地袭来。

1966年，动荡的局势加重了人们的恐慌，四处流传战事将起，于是引发了自"二战"后香港第一次大规模移民潮。人心波动，抛售套现造成地产市场有价无市，狂跌不止。

众多企业家、商号等有钱阶层，纷纷低价卖产，争相抛售，跑到外国另谋发展。但是同样忧心忡忡的李嘉诚却并没有选择立即放弃，他以自己独到的政治眼光时刻关注着局势的发展。

1966年8月，李嘉诚渐渐从不同渠道获得来自内地的消息，他果断判断：动荡的局势不会持续太久，香港是内地对外贸易的唯一通道，香港的现状会趋向缓和，动乱是暂时的，港人"弃船而去"，正是"人弃我取"、发展事业的大好机会。

故而，在同行们面对局势还一筹莫展之际，李嘉诚镇定地冒"有把握"之险，集中了主要资金和主要力量，做出惊人之举：采取"人弃我取，趁低吸纳"的策略，趁机抢占市场，低价大量收购廉价地皮、楼宇，并在观塘、柴湾等地兴建大厦，全部用来出租。积极积聚力量，等待发展时机。

众人冷眼旁观，以为李嘉诚毫无疑问会栽一个大跟头。然而，令众人瞠目结舌的是，李嘉诚的判断再一次中的。

这次战后最大的地产危机，一直延续到了1969年。1969年，曙光突显，局势开始好转，危机平息，社会秩序恢复，经济开始复苏。当年离港人群再次回流，重新抬高地产、物业价格。香港百业复兴，地产更是炙手可热。

1971年，中国社会环境得到了极大的安定。1972年尼克松访华，更是极大地改善了中国与国际关系的大环境，为香港创造了繁荣的最佳时机。此时，善于谋划的李嘉诚拥有的收租物业已从约1.1万平方米发展到58万平方米左右的规模。每年租金收入近400万港元，真正成就了"一个跟头翻上天"的神话。

其时，香港民众已经开始恢复信心，政府也竭力发展新区，使之成为新兴工业区……李嘉诚认为，此刻无论是地盘、资金，抑或是环境、政策都已十分成熟，决定全面进军地产业。

1971年6月，李嘉诚成立了长江置业有限公司，集中物力、财力、精力发展房地产业。1972年7月31日，李嘉诚将其更名为长江实业（集团）有限公司，任董事长兼总经理。自此，李嘉诚开始了他长达数十年的地产征程。

历史往往如此，大起大落，反复跌宕。身在其中，不由自主、随波逐流者多；而唯有能够洞察时世、审时度势而非侥幸豪赌者，才能真正涅槃而生。

目标远大，意指置地

连续多年稳居全球华人首富宝座的李嘉诚，他的名字已是"成功"与"奇迹"的代名词。在他统领的这个遍及各行各业、资产逾万亿的跨国商业帝国中，房地产业无疑是其主要的利润来源之一。

1971年以后，无论是从国际大环境还是中国大趋势来看，一个香港社会经济的大繁荣时代无疑正在酝酿之中。

李嘉诚看准并抓住了这一个大好时机，他认识到，他所要发展、经营的地产业，也即当今世界认定的"第三产业"，是一个能够产生无形效益、创造巨大财富的产业部门。

从20世纪70年代起，有评论家指出，香港经济由工业化阶段转入多元化经济阶段。地产再次纳入众商视线。李嘉诚的关注点却并不在此，他意指置地！

香港置地有限公司，是香港地产界"称帝""称王"的龙头老大。1889年由英国商人保罗·遮打与怡和洋行杰姆·凯瑟克合资创办，当时注册资本达500万港元，是全港最大的公司。半个多世纪以来，置地的发展相当可观，已然排在全球三大地产公司行列，在港内绝对处于霸主的地位。此外，置地业务同时涉及食品销售、酒店餐饮等，以香港为主，业务遍布亚太14个国家和地区。

当李嘉诚刚亮出目标牌，股东席上响起一片嘘声，其中一位站起来质疑："与置地等地产公司比，长江还只能算是小型公司，如何竞争得过地产'巨无霸'？"

李嘉诚并非夜郎自大，空说大话。他很耐心地解释道，世界上任何一家大型公司，都是由小到大、从弱到强的。赫赫大名的遮打爵士当初来香港时，也只是个默默无闻的贫寒之士，他是靠着勤勉、精明和机遇而有今日的发达，创九仓（九龙仓）、建置地、办港灯（香港电灯公司）。我们做任何事，都应有一番雄心大志，立下远大目标，才有压力和动力。"

　　李嘉诚深深明白，久盛必衰。他对在座的各位侃侃而谈："记得先父生前曾与我谈久盛必衰的道理，我常常以此话去验证世间发生的事，多是如此。久居香港地产巨无霸的置地，近10年来，发展业绩并非尽如人意，势头远不及地产后起之秀太古洋行。我们长江，草创时寄人篱下栖身，连借来的资金合计才5万元。物业从无到有，达约3.2平方米左右。现在我们集中发展房地产，增长速度将会更快。因此，超越置地，是完全有可能的。"

　　然而，这席有理有据的话却并未收到十分满意的效果，在座各位依然疑窦满满。李嘉诚明白，短时间内让他们充满信心并不是一件容易的事，因为长江和置地，两者的差距委实太大了，他要想实现其目标，还需要进行不懈的努力和细致的筹划。

　　他的对策是，第一，目前长江的实力，远不可与置地同日而语。所以先学习屹立半个多世纪不倒的置地的成功经营经验。即以收物业为主、发展物业为次；不求近利，注重长期投资。李嘉诚是这么想的，后来也是这么做的，此后很长一段时间，李嘉诚都以收租物业为主，避过了许多大风险。

　　第二，置地的核心地盘在中区，而中区的物业已发展到极限。故而不必浪费精力再去求寸土寸金。既然硬碰硬不可，那就边缘化。即可以去发展前景大、地价处于较低水平的市区边缘和新兴市镇拓展。待资金雄厚了，再与置地正面交锋。

　　第三，寻求对比机会。务求一击而中，在地产业闯出名号。

　　尽管有了如此多的举措和发展方式，李嘉诚仍觉得发展太慢，深感资金不足。面对当前蓬勃发展的地产高潮形势，为了能让自己争得一席之地，在现有的地盘上大兴土木，甚至加速买地，只有两个可行办法。一是借东补西，楼宇未等建成就发布信息，让用户上门求租。他获得租金后，又继续投入兴建楼宇；二便是将公司上市，使之成为公众持股的有限公司，利用股市大规模筹集社会游散资金。这才是最为快捷而有效的途径。

经过与妻子庄月明的商讨，李嘉诚决定，将长江上市。这是一个十分关键的决策，由此，长江正式进入正轨。

长江上市，财富狂飙不成问题

1972年，香港股市一派兴旺，李嘉诚认准时机，将长江地产改为长江实业（集团）有限公司，骑牛上市。从此，他便与地产和股市结下了不解之缘。

由于当时内地政治趋于安定，香港经济经大动荡后恢复并开始起飞，亟待筹资的企业纷纷触发上市的需求。这与1969年前香港股市规模停滞不前有了巨大的差别。那时，由于时局震荡中的香港也是摇摆不定，而且1961年以后，银行业的激烈竞争，相对削弱了股票的吸引力。加上当时香港所有股票买卖活动均通过香港证券交易所（俗称香港会）进行。这在一定程度上限制了普通华人，把上市公司局限为外资大银行，股市对于香港本地企业集资而言并未发挥多大作用。

1969年，这种垄断形式被打破了。12月17日，由李福兆为首的华人财经人士组成的"远东交易所"开始营业。由于远东会放宽了公司上市条件，交易允许使用广东话，这一举措开辟了香港证券业新纪元。其后，金钱证券交易所（金银会）、九龙证券交易所（九龙会）相继成立，逐渐形成四足鼎立的格局。

而如今形势大好，稳定中的香港开始全力发展经济，各行业的竞争相对体现在寻求发展上，这在一定程度上又促进了经济的发展。李嘉诚的这一构想，正是在公司自身发展与香港股市发展两大需求下的必然决策。

1972年7月31日，李嘉诚将公司改名长江实业后即刻委托财务顾问拟定上市申请书，准备公司章程、招股章程、公司实绩、各项账目等附件，准备申请股票上市。到了当年11月1日，李嘉诚终于获得批准挂牌，法定股本为两亿港元，实收资本为8400万港元，分为4200万股，面额每股两元，溢价1元。包销商是宝源财务公司和获多利财务公司，分别在香港、远东、金银等三间交易所向公众发售。

有消息称，长江实业上市后不到24小时，股票就升值一倍多，认购额竟超过发行额的65.4倍。这个消息实在振奋人心，因为它意味着公司市值增幅一倍多，意味着上市这个举措的正确性。如此下去，长江财富狂飙绝对不成问题。然而，已经成熟的李嘉诚这次却并没有表现出太多的兴奋。他吸取了第一次踏入塑胶业的教训，认真考虑当前的诸多因素，以有备无患。

李嘉诚的担忧不是没有道理的。因为他很清楚，他之所以有第一天的丰收，在很大程度上是依赖大市的兴旺所致，而非众人对长江实业的清醒认知。要使投资者真正信任并宠爱长实股，最终还是要看长实的未来实绩，以及股东们的既得利益。而且，物极必反，大旺之下必有大亏。而股市的风险早有耳闻，若不及时察觉，结局很可能是一败涂地，再难东方再起。

目标已经很明确，他不但要超越置地，还要寻求海外上市机会。风险也已经很确凿，股市起伏不定，不知何时翻船。整个过程都在李嘉诚的控制中，他的行动由此多了很多从容。短时间内，李嘉诚同时在本港和海外股市集资，为长江的拓展提供了厚实的资金基础，而稳扎稳打也为即将来临的一个凶险对抗做好了充足的准备。

大股灾不请自来

宇宙中，始终有一些非常朴素的法则规律，比如说物极必反。李嘉诚似乎深谙此道。回顾李嘉诚走过的历程，我们会发现他的行为轨迹是如此地慎重，也如此地从容。他能够自觉从中吸纳经验，避过沼泽。他不冒进，不畏缩，而是在一种精神的指引下，从容前进。

在"炒风刮得港人醉"的疯狂时期，当不少房地产商不顾后果地将用户缴纳的首期款项、贷款之类全额投放到股市，大炒股票，以求牟取比房地产更优厚的利润时；当普通民众不惜变卖首饰、出卖祖业，携资入市炒股时，李嘉诚，这个手握重金的人却没有轻易放过任何一个疏漏，没有放任自己做任何一项超额投入，而是稳健地选择物业、房地产作为事业的支点，攻克一个个难题。

一如2008年的次贷危机，1972年，汇丰银行大班桑达士"目前股价已升到极不合理的地步，务请投资者持谨慎态度"的严厉警告被许多人抛掷脑后。当恒生指数年升幅5.3倍，飚升到1774.96的历史高峰时，所有人都对那些谨慎的人们嗤之以鼻。香港股市，进入了前所未有的癫狂之中。

物极必反。1973年3月9日是许多人回思之时扼腕的一刻。自当日起，恒生指数由1774.96点，迅速滑落到4月底收市的816.39点。下半年，雪上加霜，又遇世界性石油危机，直接影响到香港的加工贸易业。1973年年底，恒生指数再跌至433.7点；1974年12月10日，跌破1970以来的新低点——150.11点。

当时，很多人对伪造股票一事耿耿于怀。原来，在恒生指数疯长时，一些人出于暴利的驱使，伪造股票。后来事情败露，这才触发股民抛售，致使股市一泻千里。不过，远东会的证券分析员分析认为，假股事件还只是导火索，牛退熊出的根本原因在于大量投资者的盲目入市，导致公司股票价格上升的幅度远远超出了公司盈利，最终恒指攀升到脱离实际的高位。

在众多投资者铩羽而归之时，李嘉诚却因为谨慎行事，稳居其位。毫无疑问，李嘉诚是这次大股灾中的幸运儿，长实上市时将25%股份公开发售，集得资金3150万港元。长实的损失，仅仅是市值随大市暴跌，而实际资产并未受损。相反，李嘉诚利用股市，取得了比预期更好的实绩。这笔巨资，也加速了长实的物业建设及与其他地产商的合作。到第一个财政年度核算时，李嘉诚惊讶地发现长实的年纯利为4370万港元，竟是预计盈利额1250万港元的3倍多，成为"华资地产五虎将"中最受瞩目的一位（华资地产五虎将分别为新鸿基地产、合和实业、长江实业、恒隆地产、新世界发展）。

有关"华资地产五虎将"，这里补句后话。其实，当时的长实，无论怎样衡量，其实力都是无法跟另"四虎"相抗衡的。新鸿基地产，为地产三剑客郭得胜、冯景禧、李兆基所创。上市时预定集资1亿，实集10亿，而长实的集资额实难望其项背；新世界的集资额也远胜于长实的集资额……这里不再赘述。但长实虽略逊于四虎将，却因为李嘉诚的数次正确举措，从20世纪70年代后期起迅速崛起，到20世纪80年代中期，成为五虎将中的虎帅。时至今日，长实系仍是香港首席财阀，不能不说是李嘉诚的功劳。如果李嘉诚不将长实上市，未充分借助股市的作用，这一天的到来恐怕将会延时很多。

在20世纪70年代之后，香港经济出现了一种十分独特的现象，即所谓的"股拉地扯"。而这个时候的李嘉诚对香港经济的起伏发展规律已经有了比较深刻的认识，事实上经济往往是呈波浪式地发展，若干年周期循环一次。股市地产低潮，地盘价格偏低，物业市值亦偏低，正是拓展的有利时机，而低潮之后，又必定是新一轮的高潮。当然李嘉诚很清楚，如果不是借此时机，都市地产发生财政危机，自己是不可能如此轻而易举地得手。也因此，在日后的数年里，李嘉诚都多次借股市出位。后来，有评论称长实自从上市那天起，股市便成了李嘉诚重要的活动领域，他日后的许多震惊香港的大事，都是借助股市进行的。纵观李嘉诚的商路经历，不得不承认这句话说得恰当。

1974~1975年间，李嘉诚两次发行新股，集资约1.8亿港元。充裕的现金让李嘉诚如鱼得水，他趁低潮时地价偏低，大量购入地盘。为加速资金回笼，一反过去只租不卖的做法。到了楼宇发展中后期，正值地产复苏，成交转旺，李嘉诚发展的楼宇全部销售一空，获利6000万港元。

之后，李嘉诚又与新鸿基、恒隆、周大福等公司合作，集资买下了湾仔海滨高士打道英美烟草公司的旧址，建成伊丽莎白大厦和洛克大厦。竣工后以约平均每平方米4300港元的价格出售楼宇，盈利总计合1亿港元。长实占35%的权益，获利3500万港元。传媒称当时为"中小地产公司的长江实业，初试啼声，已是不凡"。

地铁竞标，置地"大意失荆州"

对于李嘉诚来说，1977年是意义重大的一年，可谓是其事业的分水岭。1977年以前，李嘉诚白手起家，几年致力经营长实地产公司，也只是做了初步的资金储备和潜力预期，并没有能够声震地产界，成就枭雄。但李嘉诚不是一个安于默默经营的普通商人，就在1977年，"李嘉诚"这个名字，便响彻港岛，出现在地产界实力派新星的名单里，长实亦成为撼动全港的诚信企业。从此以后，李嘉诚的事业步步稳健，逐渐有了当今拥有企业王朝的李氏家族。这一年，李嘉诚在一场竞标中打败了一个坚不可破的地业老大——置地。

1976年下半年，地产界名人的目光，都集中到了一则最新发布的招标消息上：香港地铁公司即将招标车站上盖发展商。招标公告还未正式发布，媒体的炒作就掀起整个地产界的竞争浪潮，众人纷纷觊觎这如此激动人心的机会。李嘉诚亦不例外。他早已为长实奋斗多年做资金和架构的准备，早已等待时机多时，期待能够一鸣惊人，打入香港地产界较高层，如此机遇更不愿错失。在1977年初，这个地铁工程项目终于正式明朗，这项自香港开埠以来规模最大的公共工程，立即引起全社会的广泛关注。地铁公司宣布，招标将于1月14日正式开始，拆建原邮政总局，兴建车站上盖物业。

工程规模巨大必然消耗巨资，据估算整个过程将需资金约205亿港元。工程将为期8年，首期，自九龙观塘至港岛中环，15站，全长15.6公里，需要穿过海底隧道。首期工程的估计额就要达到56.5亿港元。地铁公司资金来源一是由港府担保，获得的银行长期贷款，二是通过证券市场售股筹资，三则是与地产公司联合发展，利润充股。

高额的资金让许多企业望而却步，李嘉诚亦并无十足把握能担负起如此巨资，但是他清楚地知道，中环站和金钟站是客流量最大、最关键的两站，建成之后，可以预见前景的优越，全线物业的发展态势，必然不会让人失望。巨额利润就在咫尺，此时不拼更待何时？他虎视眈眈，知道要在商界立足，必须通过冷静周全的策略，首先打败权威的实力企业获得发展的机会。

既已决定放手一搏，李嘉诚马上投入到各方面的研究中。要想创造取胜的可能，必然需要取得足够的筹码，正所谓"知己知彼，百战百胜"。他准备了一手近年来地铁建设方面的研究文件和有关对手详细信息的各种报道资料。项目宏大，届时参与的必将都是有一定实力的企业，英资华资各大地产商，众人齐趋，必然会是一场激烈的争夺战。此时，媒体更是不会放过这盛大的场面，为此新闻炒作轮番轰炸，报道使得人心惶惶，众人各自打着各自的如意算盘，都想在此狠赚一笔。

媒体的报道虽常有肆意炒作的成分，但也不乏可参考的价值。李嘉诚通过各方声音了解到，最集众人期待于一身的，当属置地集团。这个集团是英资集团，拥有着10多座高楼的资产，足可见其实力之雄厚。因此，若将置地当做最大的竞争对手实可谓是力量悬殊，不得不再三考虑策略。加之有传言说，据测算，置地拥有的遮打花园广场，恰好在距离未来金钟站仅100多米处，置地势在必得的决心更是十分明显了。

但还未开始就放弃，未免显得太不够英雄。李嘉诚过去也曾多次得到中区官地拍卖的消息，但都因高额的资金要求而不得不排除到考虑范围之外。港岛的地产对于世界来说已是寸土寸金，中区更是天价，但一旦得手，未来的发展不言而喻。此时，李嘉诚已伺机多时，要想在地产业功成名就，声震群雄，这次的机会绝不可轻易错失。做足准备，必须蓄势待发。

通过各种渠道消息的汇总以及严谨的局势分析，李嘉诚惊异地发现，地铁公司招标的原因竟是现金不足造成的窘境！港府工务局对此地的上盖工程进行估价之后，根据商场的通常法则，要求购地款必须全部现金支付。这着实让地铁公司不堪重负了。对于有如此光明的发展前景的工程，地铁公司自然也同其他地产大亨一样，想要由此发家致富，但苦于作为公办公司，它的一切程序必须根据规则进行。这才走投无路，不得不招标以筹得现金。

这一重要的信息，无疑成为李嘉诚深入考虑的方面之一，若是拿捏得当，将其作为切入点，必能够取得绝对的优势。

了解局势之后李嘉诚马上将目光聚焦到对置地的研究上。

置地从属于怡和系，现任大班是同时兼任怡和大班的纽壁坚。此人20岁起正式加入怡和洋行工作，从未依赖任何背景，全凭个人勤奋刻苦，一步一步借着踏实的作风坐上董事局主席的位置，身兼两大班重任，已是焦头烂额，加上股东凯瑟克家族的制约，精力似乎就显得过于分散。李嘉诚又从心理上分析置地始终处于高高在上的优越地位，越来越觉得获胜可能性相当之大。置地的优越性决定了它的地位也导致了他过度的自信，在满足合作方的要求上，未必能够屈尊配合。置地的这些情况对他的策略是十分有利的。

终于，经过详尽的分析了解，李嘉诚获得这些结论，他决定赌这一局，全力投标，力压置地。长实通过发行新股，大通银行的贷款，以及年盈利储备等各种渠道，终于筹得可调动的现金约4亿港元。

1977年1月14日，香港地铁公司正式发布了接受邮政总局原址发展权招标竞投的公告。

李嘉诚对之前搜集的资料进行汇总并做了一系列策划，在投标书中大胆提出，两个地盘可设计建成一流的综合性商业大厦。随即根据自己的研究结论，提出志在必得的决心：长江实业公司将首先满足地铁公司需求，提供现金作购地费。建设工程完工之后全部出售，利益所得，地铁公司51%，长江实业49%，打破了一比一分享利息的惯例。

与此同时，人们的关注点仍旧集中在置地大班纽璧坚身上。有记者采访纽璧坚，打探投标内容，询问他对结果的预测，纽璧坚对此不予过多透露和评价，仅仅满脸自信，说道："投标结果，就是最好的答案。"字字有力，俨然是未战先胜的王者姿态。

最后，投标结果公布，众人哗然：长实胜出。

无疑，置地的地位让它犯了大意的低级错误，而李嘉诚的严谨精神和低调作风，使得他的研究分析全面透彻，所纂投标书正中地铁公司下怀，又别出心裁，考虑周到。

结果一揭晓，众媒体立即活跃起来，《长实击败置地》的醒目标题顿时在传媒界广为流传，李嘉诚立即成为闪亮的新星，的确让他达到了一鸣惊人的预计目标。1977年4月4日，中环站上盖发展物业协议首先签订。首期工程于1979年9月底竣工后，两站获得的上盖物业发展利润，顺利缓解了地铁公司的财政困难。地铁公司主席唐信对此次合作十分欣喜，对外称赞："中环、金钟地铁车站上盖地产发展，将为本公司二期、三期工程的车站上盖合作，树立了样板。"这一认可，无疑使得长实在地产界获得了立足的坚实地位，成为其发展史上的一大里程碑。

同时，上盖物业带来的纯利近7000万，更是给长实的发展奠定了扎实的财政基础。这一战，不仅让长实有了飞天式的起步，更为它赢得了横跨地产界声望，取得了各大银行的信任，为它的持续发展创造了极为有利的条件。

第四章　收购战

——巧妙收购，"李超人"善意始终

李嘉诚看上九龙仓

李嘉诚一直把置地当成竞争对手，九龙仓引起他的注意，是九龙仓的"挪窝"。

九龙仓是怡和系的大洋行，如今这块旧址即将成为九龙地王。李嘉诚赞叹九龙仓的创始人以极廉的价格获得这块风水宝地，如今水涨船高，身价百倍。但九龙仓股票如今却大大被低估，假若能合理开发，其前景必定辉煌。包玉刚清楚这一点，李嘉诚亦清楚；包氏欲得，李氏欲购。于是一场轰动当时的九龙仓角逐大战蓄势待发。

角逐结果，李嘉诚成全船王。一石三鸟，各取所需。

严格意义上说九龙仓不算是仓库，而是香港最大的货运港，拥有露天货场、深水码头和货运仓库。自从1886年起，保罗·遮打第一个在九龙设立码头仓库，怡和洋行就一直是其大股东之一。

其实李嘉诚之所以会看好九仓股票，主要原因在于该集团不善经营而造成股价偏低。李嘉诚也不止一次地设想过，如果由他来主持九龙仓旧址地产的开发，绝不会陷于如此困境。李嘉诚精于地产股票，他曾细算过一笔账：从1977年年末到次年年初，九仓股市价在13~14港元之间，而九龙仓发行的股票不到1亿股，就是说它的股票总市值还不到14亿港元。九龙仓所在地点是九龙最繁华的黄金地段,当时的同档次官方地段拍卖落槌价是每平方米64585~75349港元,若按这个价格计算,九龙仓股的实际价值应该是50港元每股。所以说,若能合理开发九龙仓旧址地盘,将来价值一定不菲。李嘉诚很清楚,即便是以高于时价的5倍价钱买下九仓股,也是一笔很划算的买卖。因此,李嘉诚不动声色,逐渐从散户手中买下了约2000万股的九仓股。

周祖贵先生有一文曾记录了这段往事,1977年12月中旬,敏感的财经评论家对九龙仓进行分析,以《九龙仓业务开始蜕变》为题,分析认为九龙仓集团若能充分利用自己的土地资源,在未来的10年里完全可以出现年增长20%的大好势头。另外,该评论家还预测,当时时价为13.5港元的九仓股,很有可能会成为1978年的热门股。

当时来看,在九龙仓问题上这位评论家与李嘉诚可谓英雄所见略同,只不过李嘉诚没有大鸣大放,公开议论,他只是在暗处,埋头实干,暗度陈仓。

长实上市之后,李嘉诚在兴建楼宇"售"与"租"的问题上,更加奉行谨慎灵活的原则。当楼市不景气、楼价偏低,或者手头资金较宽裕时,最好是保留来做出租物业;而如果楼市景气楼价炒高,又急需资金回流,加快建房的速度,那么就选择售楼业务。

从不打无准备的仗是李嘉诚的做事风格,他通过渠道得悉,一贯被称为怡和两翼的九龙仓,和兄弟公司置地在控股结构上并不是完全平等的关系。怡和控置地,置地控九龙仓,置地不过拥有不到20%的九龙仓股权。

李嘉诚对九仓股的吸纳,采取的是分散户头暗购的方式。到现在为止,李嘉诚手中的九仓股,已经约占到九仓总股数的20%。这个数字暗示着,不久九龙仓的最大股东将不再是怡和的凯瑟克家族,而是李嘉诚。这一进展,为李嘉诚最终能购得九龙仓,从而与怡和展开一番较量铺平了道路。但是最重要的结果应该是,一旦购得九龙仓无疑意味着长实的老对手置地将如同断臂折翼。

但是，世事总不是如人意般顺利，九仓股成交额与日俱升，引起不少证券分析员的关注，并且导致嗅觉敏锐的职业炒家不断介入，九仓股一时间便被炒高。大户小户纷纷出马，加上股市流言四起，到1978年3月，九仓股急速窜到46元每股的历史最高水平。而这已经相当接近九仓股的每股实际估值了。无奈之下，李嘉诚筹股回落，以稍低的价格增持九仓股到20%的水平。

按照《公司法》的规定，股东对公司的所谓的绝对控制权，是指其控有的股份须在50%以上。否则一旦被收购方反收购，便会导致收购计划前功尽弃。而现在九仓股价已经被炒得很高，李嘉诚如果一意要想增购到51%，恐非其能力能及。

九龙仓的老板迅速反击，开始布置反收购，到市面上高价收购散户所持的九仓股，以巩固自己对九龙仓的控股能力。但是今日之怡和，不似昔日之怡和要风得风，要雨得雨。数十年来，怡和向来奉行的是"赚钱在香港，发展在海外"的政策。由于在海外投资的战线过长，而投资回报率又十分低，遂而使得怡和背上了沉重的财政包袱，此时已经处在进退维谷的两难境地。现在后院起火，怡和倾资扑救——高价增购九龙仓股票，以保"江山无缺"。但坦言讲，怡和目前的现金储备实不足以增购到绝对安全的水平。于是慌乱之中，怡和向港岛第一大财团——汇丰银行伸出求救之手。

此时传出小道消息：汇丰大班沈弼亲自出面斡旋，奉劝李嘉诚放弃对九龙仓的收购。李嘉诚审时度势，认识到如果同时树怡和和汇丰两个强敌，对将来自己的发展着实不利。因为长江的发展，还必须得倚靠汇丰的支持。即便是眼下，一旦一意孤行，不但拂了汇丰的面子，最终也会导致汇丰贷款支持怡和，而九龙仓之战也将落得个竹篮打水一场空。此时的李嘉诚手中已经持有了将近2000万股的九龙仓股，由于怡和一方未透露增购后的持股数，所以李嘉诚自己也摸不透，这个数字是否已经是九龙仓的最大股东。不过李嘉诚一番审慎考虑之后，很快答应沈弼，停止收购，鸣金收兵。

李嘉诚的偃旗息鼓，引来四方强手介入角逐，其中最显眼的一位，就是赫赫有名的船王包玉刚。

九龙仓大战，一石三鸟

包玉刚，世界十大船王之首，财力雄厚。他拥有50艘油轮，一艘油轮的价值就相当于一座大厦。根据1977年吉普逊船舶经纪公司的记录，当年世界十大船王排行榜，包玉刚稳坐第一把交椅，其船运载重总额达1347万吨；而香港的另一位老牌船王董浩云则以总载重452万吨排在第七位；名气颇大的希腊船王奥纳西斯则屈居第八位。即便是到了20世纪80年代中期，坐上香港首席富豪宝座的李嘉诚依然难以与包玉刚抗衡（根据海外传媒，包爵士是香港第一富豪）。此外，包玉刚还是商界与世界政要交往最多的一位，小至各界名人，大至国家元首、政府首脑，都交往密切。

包玉刚对九龙仓收购大战的介入同样并非一时冲动。由于油轮是包氏船队的主力，1973年的石油危机，促使英国开发北海油田，美国重新开发本土油田，同时，亚洲拉美都有油田相继投入开采。这样，世界对中东石油的依赖将减少，到20世纪70年代后期，越来越多的油轮闲置。包玉刚敏锐地意识到，一场空前的航运低潮将会来临。于是他决定，减船登陆，套取现金投资新产业，他瞄准的产业，就是房地产。

身为商界老手的李嘉诚虽然不明白包玉刚吸纳九仓股究竟是作为一般性的长期投资，还是有意控得九龙仓，但他可以肯定的是包玉刚会对九龙仓感兴趣。世界航运业领头人船王包玉刚怎么可能不会想到九龙仓新建的码头气势更宏伟、设备更现代化呢？又何尝不愿拥有与其航运相配套的港务业？李嘉诚权衡利弊，已然胸有成竹，一石三鸟之计就此成形。

1978年8月底的一天下午，李嘉诚与包玉刚相会了。李嘉诚的秘密约见，令包玉刚心中打鼓。照理，已捷足先登的李嘉诚和自己是对手，九龙仓对包玉刚来说，简直太重要了。不过李嘉诚并没有让包玉刚疑惑太久，经过简短的寒暄，他就开门见山地说明了来意，想把手中所持九龙仓1000万股股票转让给包玉刚。包玉刚大感不解，但是稍加思索，便突然明白了李嘉诚此行的用意——这是双赢啊。

的确，站在包玉刚立场上来看，他从李嘉诚手中一次接手1000万股九龙仓的股票，加上他原来所持有的部分，包玉刚已经足以与怡和洋行进行公开竞购。一旦收购成功，他就可以稳稳地将资产雄厚的九龙仓控制在手中。

而从李嘉诚方面来看，当初他以10~30元的市价买进九龙仓股票，而此时以30多元脱手转给包玉刚，一下子就是数千万元的获利。更为重要的一点是，通过包玉刚搭桥，他就更有希望从汇丰银行那里承接9000万股和记黄埔的股票。假若达到目的，和记黄埔的董事会主席则非李嘉诚莫属。

由此，两个同样精明的商人一拍即合，李嘉诚把手中的1000万股九龙仓股票以3亿多的价钱，转让给包玉刚；包玉刚协助李嘉诚从汇丰银行承接和记黄埔的9000万股股票。

1978年9月5日，包玉刚正式宣布他本人及家族已经持有了九龙仓约20%的股票。在此情势下，怡和与九龙仓现任大班纽璧坚，不得不吸收包玉刚以及包的女婿吴光正加入九龙仓董事局。包玉刚初战告捷，李嘉诚功不可没。不过，我们应该看清楚的是，李嘉诚又跨出了飞跃的一步，即成功收购了英资洋行和记黄埔。

有人曾开玩笑似地说，最终结果，他们都如愿以偿坐上英资洋行大班的宝座，果真是皆大丰收。而对于李嘉诚而言，他的退出却得了个名副其实的满载而归。先是卖了汇丰一个人情，又将这个暂无法消化的山芋转给包玉刚，自己坐获5900万港币大利，无疑同时又卖了包玉刚一个人情，从而促成了李氏顺利收购并入主和黄。一石三鸟之计，高明之极。

"蛇吞大象"——李嘉诚入主和黄

香港的和记黄埔在组成上包括和记洋行和黄埔船坞两大部分，拥有资产60多亿港元，是当时港岛第二大英资洋行，又是香港十大财阀所控的最大上市公司。

其中和记洋行成立于1860年，以从事英产棉毛织品、印度棉花以及中国茶叶等进出口贸易为主，也涉及本港零售业。初时规模和名气并不大，远远不能与置地、怡和、太古、邓普等洋行相比。到"二战"前，和记已经发展为有20家下属公司的规模。而黄埔船坞有限公司的历史，则可以追溯到1843年，当年林蒙船长在铜锣湾怡和码头造木船，后来船坞几经迁址，又经过数次充资合并和易手，逐渐成为一家公众公司。到了20世纪初，黄埔船坞与海军船坞以及太古船坞被并称为香港三大船坞，并具有了集维修与建造万吨级轮船为一体的能力。此外，黄埔船坞同时还经营着码头仓储。

而彼时的长实还仅是一家资产还不到7亿的中小型公司。但李嘉诚却成功控得了和黄，而且兵不血刃。和黄一役，"李超人"究竟有哪些高明之处？

答案依然是知己知彼，百战不殆。

"二战"后，和记洋行归入祈德尊家族。在当时，祈德尊家族与怡和凯瑟克家族、会德丰马登家族以及太古施怀雅家族并列为香港四大英资家族。从20世纪60年代末起，祈德尊就野心勃勃，立意欲成为怡和第二。1969~1973年，他趁牛市冲天之际，展开了一连串令人应接不暇的收购大战。

但是，祈德尊固然雄心壮志，但事实上却是个"食欲过盛、消化不良"的商界"大鲨"。由于他本人并不擅长打理公司，结果致使不少公司经营状况不良，甚至效益负增长，祈德尊由此背上了不小的债务负担。不过幸运的是，祈德尊趁股市大旺，大量从事股票投机生意，暂时弥补了财政赤字。

然而，幸运不常有，1973年，股灾不请自来，紧接着便是世界性的石油危机，随后香港地产大滑坡。由于战线过长、投资过速，早就背负了沉重包袱的和记集团终于陷入财政泥潭，接连两个财政年度亏损近2亿元。1975年8月，汇丰银行以和记出让33.65%的股权为条件，注资1.5亿港元解救，于是汇丰成为和记集团的最大股东，黄埔公司也由此而脱离和记集团。

汇丰控得和记洋行，收益并不大，主要原因在于汇丰物色了韦理主政。虽然韦理在当时有"公司医生"之称，但集团亏空太大，又兼他做惯了智囊高参，一时间要他主政一家巨型企业显得有些难以驾驭，所以"公司医生"也未能妙手回春，和记黄埔并没有如之前预想的那般起色。

根据公司法、银行法的规定，银行不能从事非金融性业务。债权银行可以接管已经丧失偿债能力的工商企业，但是当该企业走上正常经营轨道之后，必须将其出售给原产权所有人或者是其他的企业，而不能长期控有该企业。在这种情况下，李嘉诚决定乘虚而入。因为李嘉诚很清楚，汇丰控制和黄不会太久，这是个很精明的判断。

很快，李嘉诚就如愿以偿，汇丰大班沈弼暗地里放出风声：待和记黄埔财政好转之后，汇丰银行会选择适当的时机和适当的对象，将所持和黄股份的大部分转让出去，并且汇丰不是意图售股套利，而是希望放手后的和黄能够恢复到良好的经营状态。

李嘉诚相当聪明，因为他之前先是卖了汇丰一份人情，又卖了包玉刚一份人情。李嘉诚此番拉上包玉刚，以出让1000万股九仓股为条件，轻而易举换取了包氏的成全。最终包玉刚从中斡旋，很快促成了汇丰将9000万股和黄股转让给自己。李嘉诚一石三鸟，着实高明得令人拍案。

长江实业的资产当时不过才6.93亿港元，而和黄集团市值则高达62亿港元。李嘉诚蛇吞大象，如何下咽？放眼港岛商界，垂涎这块肥肉的大有人在，只不过因为和黄当时还处在本港第一财团汇丰掌控之中，故而都暂时按兵不动而已。

1979年9月25日夜，在华人行21楼长江总部会议室，李嘉诚万分激动地宣布："在不影响长江实业原有业务的基础上，本公司已经有了更大的突破——长江实业以每股7.1元的价格，购买汇丰银行手中持占22.4%的9000万普通股的老牌英资财团和记黄埔有限公司股权。"

1981年1月1日，李嘉诚被选为和记黄埔有限公司董事局主席，成为香港第一位入主英资洋行的华人大班，而和黄集团也正式成为了李嘉诚长江集团旗下的子公司。

李嘉诚以小博大，以弱制强。长江实业实际资产仅6.93亿港元，却成功地控制了市价 62 亿港元的巨型集团和记黄埔，着实上演了一幕蛇吞大象的惊险大戏。

如何消化，"李超人"有良方

古人云，"前车之鉴，后人之师"。李嘉诚的"前车"便是和记黄埔的前大班祈德尊。起初，祈德尊以风卷残云之势收购企业，但是迅速扩张，却不善于管理庞大企业，难以消化，结果集团拖垮，痛失庞大的家业，令人欷歔不已。

李嘉诚是否会重蹈祈德尊的覆辙，是否有能力带领和黄走出困境，这也正是人们所顾虑的。有人认为，李嘉诚是依托汇丰的支持，而轻而易举购得和黄的，但是"创业容易守业难"，对于和黄这家庞大的老牌洋行，他不一定就有能力管理好。当他开始出任和黄执行董事时，便在与董事局主席韦理与众董事的交谈中，感受到了他们的顾虑。对此，李嘉诚很坦然，他相信，事实胜于雄辩，在不久之后实绩会证明自己的能力。

李嘉诚作为控股权最大的股东，初入和黄也完全有权力行使自己所控的股权，点起新官上任的三把火。但是，他做事极为低调、谦恭，在韦理面前从来没有流露出大股东的傲慢。他的谦让得到了众董事与管理层的敬重。在股东大会上，众股东推选李嘉诚出任董事局主席。李嘉诚做事一向光明磊落，不肯占公司一点便宜。遇到因和黄的公事出差考察、待客应酬，他从未在公司财务上报账，而是自掏腰包。李嘉诚的处世风格受到了公司从股东到普通员工的尊重。

不久之后的业绩也证明了李嘉诚超凡的商业头脑和经营管理能力。他未加入和黄时，1978 年和黄集团财政年度，年综合纯利为 2.31 亿港元；1979 年他加入后和黄利润上升为 3.32 亿港元；到 1983 年，李嘉诚加入的 4 年后，和黄纯利润达 11.67 亿港元，是加入前的 5 倍多；1989 年，和黄经济性盈利为 30.3 亿港元，非经济性盈利则达 30.5 亿港元，仅纯利就达到了 10 年前的 10 倍多。滚滚的财源、丰厚的经济利润，自然赢得了和黄上下的高度赞赏。

有人对李嘉诚在和黄的表现评价道,李嘉诚小利全让,大利不放,精明至极。所谓大利,是李嘉诚作为公司最大的股东,公司业绩好,他的红利自然也非常可观。此外,他对"大利"紧抓不放,还表现在他不断增购和黄股份。然而,他吞并和黄的"野心","老和黄洋行"竟全然未曾抵触,令人不得不叹绝。之后,有人看了李嘉诚收购和黄的文章,感慨万分,并写下一副对联:高人高手高招,超人超智超福。这副对联自然不算工整,然而其中的"超人"之称,则在民间不胫而走,李嘉诚遂被人们冠以"李超人"的名号。

欲擒故纵买"港灯"

李嘉诚求胜之策,胜在不动声色,静待机遇。

1889年1月24日,在香港宝地上成立了一家其后产生巨大影响的公司——香港电灯有限公司,也就是我们熟知的"港灯"。1890年12月起,它开始全面向港岛供电。当时的港灯,是香港十大英资上市公司之一,也就是说,它的股东当属各英资洋行。在漫长的90多年间,港灯都一直是独立的公众持股公司。

直到1980年11月,长实与港灯集团合组上市,开始了对港灯位于港岛的电厂零散旧址地盘的开发。

港灯在那时当属众人觊觎的一大块肥肉。它盈利稳定,已成长为香港第二大电力集团,又有港府"鼓励用电"收费制即将出台,港灯的供电量的大幅增长是完全可预见的,必然也少不了盈利的迅猛递增趋势。供电这一业务,是地区发展不可或缺的要求,因而不管经济如何波动,它对于电业的影响都是微乎其微的,这对投资家自然具备了巨大的吸引力。

1981~1982年,怡和、长江、佳宁这些集团都对港灯产生了极大的兴趣,尤其怡和系置地因海外投资不顺而转回到香港,大肆扩张业务,购入了港灯公司的公用股份。

李嘉诚自然也是看到了港灯的价值和前景,各集团的争夺趋势他都看在眼里,置地的举动自然也引起了他的关注,但他并未采取任何举措，倒是静观其变，反而让他将局势分析得更加透彻。

1982年4月，市面上已开始流传置地即将拟订收购港灯计划的消息。4月26日开市时，上周收市时还是5.13元价格的代表置地做经纪的怡富公司，就以高出1元多的价格（时价每股6.3~6.35元），收购了2.22亿股港灯股份，同时以9.40元的价位买入港灯认股证1200万股，占认股证总发行量的20%。就这样，置地以高于市价31%的条件，顺利收购了港灯。但同时它又让自己陷入了万难的尴尬境地——急速扩张的投资过分庞大，以至于除了耗尽了现金之外，还欠下大笔贷款，负债高达160亿港元。

恰好那时又逢世道不顺。岛内，港岛民众庞大的移民潮撼动了整个市场，向外涌出的民众连同资金一同转出，疯狂抛出港币以套取外币，直接导致了汇率的大幅跌落。国际上，又有欧美以及日本的经济日渐衰退，使得香港的工商界遭遇了严峻的凄迷之势。随之而来的，便是地产市场的滑落。楼盘崛起却丝毫得不到市场，高投资的兴建如同海市蜃楼，大量的楼宇由销转滞，使得地产大户纷纷捶胸顿足，悔不当初。置地的形势便可想而知——不仅欠款难还，更是有高额利息的亏空，这足以令他们陷入极其尴尬的境地。

于是，到1983年，随着地产的全面崩溃，置地的欠款已高达13亿，这种情况，已经足以将它的公司拖垮。果然，母公司怡和的同期财政年度盈利额立即暴跌80%，同时引得怡和内部人员马上有了巨大的变动。任职8年的置地大班纽璧坚在大股东凯瑟克家族的责备中默然离开了服务30年的怡和。

这样一来，置地的大班继承人成了西门·凯瑟克。对此，社会舆论众多，各大媒体大幅报道和预测怡和未来的发展趋势。面对社会舆论的各种说法，李嘉诚仔细研读各类报道，静坐分析怡和的情况。潜在的竞争必然会始终存在，作为有力的竞争对手，坐怀不乱着实是李嘉诚令人钦佩的素质。他了解了关于凯瑟克家族的大量信息，对于不久之后将和怡和展开的竞争的现况和未来发展，已早有盘算。

当时李嘉诚已与尚未正式加盟和黄的马世民有了密切的接触，在收购港灯问题上，两人不谋而合。曾在怡和有14年工作经历的马世民很清楚怡和的致命弱点。正所谓英雄所见略同，在置地陷入困境时，两人都看到了从其手中夺过港灯的可能性。但此时的李嘉诚是清醒的，他知道可能性事件自然有其发展趋势的必然性，主张以温和的谈判来取胜，毕竟，已经可以预见，怡和出售港灯是早晚的事。加之纽璧坚任大班时李嘉诚已曾表过态有意收购港灯，剩下的就是等待时机成熟了。

李嘉诚在这一时期也针对凯瑟克反复研读了许多相关报道，初步构思已有所把握。但此时的李嘉诚仍旧不做任何表示，按兵不动，等待事态的自然发展。

到了1984年，和黄收购了Davenham公司，李嘉诚委任马世民为董事行政总裁，即和黄第二把手，马世民正式加盟长实系。他的加入使得长实的盈利额又进入一个空前辉煌的阶段。

这时，西门·凯瑟克为缓解怡和的财务紧张状况，出台了一系列计划，欲出售部分海外资产及在港非核心业务。而置地作为怡和的核心业务，其旗舰地位无论如何要保住。但在当时，汇丰银行已开始穷追不舍地向置地要债，使得西门无措，不得不舍弃港灯以减轻债务。

既有此打算，首先考虑的出售对象必然是财大气粗的李嘉诚。李嘉诚向纽璧坚表达对港灯的觊觎之意时，凯瑟克当时恰也在场，深知此人有能力出理想的价钱，也确信此人有意收购港灯。但令人费解的是，一年来李嘉诚丝毫没有任何音信，凯瑟克疑惑万分。前景十足看好的港灯，他岂会弃之不取？

然而李嘉诚仍旧静待时机，耐心坐观局势，最终凯瑟克还是按捺不住了，主动派人员前往李嘉诚办公室讨论转让港灯股权的问题。约16个小时之后，和黄正式决定斥资29亿港元现金从置地收购34.6%的港灯股权，成为中英会谈后港市首次的大规模收购。同时，6.4元的折让价使这次收购为和黄省下了多达4.5亿港元。和黄全面掌控了港灯。一时全港哗然，有人分析，李嘉诚闪电完成收购，实则"蓄谋已久"。李嘉诚以静制动，看似不动声色，实际上他是做足了功课，对于港灯最终归入长实，李嘉诚早已胸有成竹，只是他比别人更善于忍耐，或者说更懂得欲擒故纵，所以他能够在最佳时机以最合理的代价完成收购。就如同李嘉诚自己所言："我们不像买古董，没有非买不可的心理。"当然，李嘉诚的每一次收购都没有"血战沙场"的味道，事实上他更奉行互惠原则，他说："我一直奉行互惠精神，当然，大家在一方天空下发展，竞争兼并，不可避免，即使这样，也不能抛掉以和为贵的态度。"

同年3月，包玉刚完成对英资洋行会德丰的收购。至此，英资四大洋行中——和记黄埔和会德丰先后归入华资。当时，这在港内算得上是惊天动地的大事。包、李二人据此更是声名大振。

李嘉诚这次斥巨资收购港灯，作为华资进军英资四大战役中的一役，对恢复港人的信心起到了显著的作用，直到20世纪90年代，马世民仍就此事对李嘉诚称道："一共花了16个小时，而其中8个小时是花在研究建议方面。"可见策略之于李嘉诚，才是取胜的关键。他自己也曾说："假如我不是很久以前存着这个意念和没有透彻研究港灯整家公司，试问又怎能在两次会议内达成一项总值达29亿港元的现金交易呢？"确实，李嘉诚对形势判断精确，才使得这位出色的商人能够在商业前锋不断胜出。难怪马世民如此诚挚地赞叹他——"李嘉诚综合了中式和欧美经商方面的优点，一如欧美商人，李嘉诚全面分析了收购目标，然后握一握手就落实了交易，这是东方式的经商方式，干脆利落。"更有经济评论家高度肯定："不必把商业行为太往政治上扯，别忘了他们是商人，当然是出色的商人。"

收购香港电讯

1991年，李泽楷受父亲李嘉诚之命创办卫星电视，两年后又高价出售，并以此成立了盈科动力。自此李泽楷气势如虹，开始正式进军更广阔的媒体市场。半年时间里，又将盈动改名电讯盈科，并成功在新加坡上市，证实了"新经济"，即以网络、信息和通讯技术为主体的新兴产业，将为市场注入新的活力，并将带动市场发展，成为颇具竞争力的新型领域。

然而在盈动创立之初，盈利并不乐观，使得众多对"新经济"还深表疑虑的投资者感到十分不安。2000年初，香港传来新加坡电讯意图收购香港电讯的消息，李泽楷敏锐地觉察到，香港电讯对于盈动的未来网络拓展将会大有作为，他的脑海中浮现出一个构想，将因特网与有线网络及互动电视融合在一起，这无疑是个大胆的构想，充满前景，但前提是必须首先拥有香港电讯。

除此之外，香港电讯其本身就拥有14000名员工与百万计的客户，年收入可达到40亿美元。它的资产将能吸引众多投资者。

构想很快明晰，同父亲李嘉诚一样，李泽楷不是一个优柔寡断的商人，他决定竞拍香港电讯。但问题摆在眼前，当时的盈动没有利润，而竞争方新加坡电讯却拥有着60亿美元的现金，差距悬殊。因而英国大东电报局对盈动十分冷淡，不愿接受其用股票支付。但李泽楷心意已定，势在必得。2月13日~14日，短短的48小时，李泽楷通过出售盈动股票筹集了整整10亿美元，并凭这部分的现金取得130亿美元的贷款。一夜之间筹得如此巨款，给大东电报局董事会留下了深刻印象，但无疑，其背后承担的风险也是不可估量的，如果此次竞价失败，市场将对李泽楷失去信心，盈动的股票也必然一落千丈。李泽楷事后说："最恐怖的时刻是我决定拿出多少现金的时候。那是一个不眠之夜。我喝了5杯咖啡，吃了一条巧克力。"

然而好事多磨，最后时刻，媒体大王默多克对香港电讯的高速有限网络产生了兴趣，他的介入，使得新加坡电讯的价格又突然提高了10亿美元。香港电讯的角逐更加紧张，最后花落谁家，众人瞩目。

最终，李泽楷胜出。2000年2月29日，大东电报局宣布，盈动并购香港电讯。至此，香港电讯争购案暂告结束，但业界和媒体一片惊叹，一时间李泽楷和他的盈科动力成为当时的新闻焦点。

确实，盈科动力数码科技毕竟创立不过一年多，利润前景并不被看好，却战胜了实力强大的新加坡电讯，蛇吞大象，一

-67-

举拿下香港电讯,缔造了亚洲有史以来最大的购并案,着实不凡。无怪乎当时的新闻媒体界对李泽楷一片称誉之声。从盈动与英国大东电讯草签购并协议开始,至最后获得并购双方股东大会通过,以及获得港府的批准而正式完成购并事宜,再到将盈科动力改名为电讯盈科,李泽楷仅仅用了半年时间。

李泽楷并没有就此沉浸在胜利的喜悦中,目标明确,迫不及待要将香港电讯与互动电视网络结合。简单的庆祝宴会上,李泽楷手持香槟,热情与在场的每位员工举杯,庆祝这次交易的成功使其集团市值翻了一倍多,从由因特网领域延伸到电讯行业。随后,立即开始新一轮的战斗。接受《新闻周刊》采访时李泽楷说:"我们必须马不停蹄,我想,我们正处于一场新革命的开始阶段。"的确,与伦敦的投资人举行了卫星电视会议讨论详细操作之后不久,他就宣布,盈动将与联想,即中国最大的计算机制造商,建立战略联盟。作为香港首富李嘉诚之子,他秉承了同样的雄心壮志,满怀激情,希望开创亚洲电子的未来的新纪元。

正如所愿,李泽楷正将香港带入一个网络新时代。此前,他向人们证实了,一家成立之初的因特网公司也于激烈的收购战中战胜显赫的企业。如今,他又以实际行动向世人宣告,一项成功的策略,足以缩小任何与他人的差距,新经济的启程,将对商界产生惊天动地的影响。李泽楷收购香港电讯后,亚洲的互联网发展迅速地腾飞,与大国的差距越来越小。之前总被以为是凭借父亲羽翼才得以发展的李泽楷,这一回充分展示了自身的实力,让所有人刮目相看。

早期,商界不少人亦步亦趋跟随李嘉诚,他以其锐利的眼光预言中国的现代经济,将为房地产发展带来革命性的腾飞。如今,随着全球信息化时代的到来,李泽楷又率先迈开大步,将他的大胆和创意一同带进了网络新世界。

李嘉诚启示录

李嘉诚如是说

好谋而成、分段治事、不疾而速、无为而治,若能拈出这四句话的精髓，生命是可以如此的好。"好谋而成"是凡事深思熟虑，谋定而后动。"分段治事"是洞悉事物的条理，按部就班进行。"不疾而速"就是你没做这个事之前，你老早想到假如碰到这个问题时你怎么办。由于已有充足的准备，故能胸有成竹，当机会来临时自能迅速把握，一击即中。"无为而治"则要有好的制度、好的管治系统来管理。兼具以上四种因素，成功的蓝图自然展现。

做生意同打球一样，若第一杆打得不好的话，在打第二杆时，心更要保持镇定及有计划，这并不是表示这个就会输。就好比做生意一样，有高有底，身处逆境时，你先要镇定考虑如何应付。

第一个，你做那个行业，一定要追求那个行业最好的知识、Information，最好的技术是什么，且必须处于最佳的状态。这是第一。第二，努力、毅力。不过，很重要的是，如果一个机构，没有掌握跟这个行业有关的知识，如果你判断错误，就算你再努力、再有毅力，你失败的代价太大。第三就是建立好的制度与人才。

超人链接：李嘉诚VS巴菲特

"超人"李嘉诚与"股神"巴菲特，早已成为中国投资人心目中的投资教父，他们都有着独到的投资理财秘诀。叱咤商海多年，超人与股神的投资思想和投资方向也成为许多人学习效仿的对象。

李嘉诚透露投资理财三法宝

第一，30岁以后再重理财。20岁以前，所有的钱都是靠双手勤劳换来，20~30岁之间是努力赚钱和存钱的时候，30岁以后，投资理财的重要性逐渐提高，到中年时赚的钱已经不重要，这时候反而是如何管钱比较重要。

第二，要有足够的耐心。理财必须花费长久的时间，短时间是看不出效果的，一个人想要利用理财而快速致富，可以说是一点指望也没有。理财者必须了解理财活动是马拉松竞赛，而非百米冲刺，比的是耐力而不是爆发力。要想投资理财致富，你必须经过一段非常漫长时期的等待，才可以看出结果。

第三，先难后易。每年年底存1.4万元，平均投资回报率有 20%，即使经过了 20 年后，资产也只累积到 261 万元，此时仍然距离亿元相当遥远。只有继续奋斗到 40 年后，才能登上亿万富翁的台阶，拥有 1 亿零 281 万元，但赚第二个 1000 万要比第一个 100 万简单容易得多。

巴菲特投资八大黄金法则

很多人比我智商更高，很多人也比我工作时间更长、更努力，但我做事更加理性。除非你做到看见自己的股票下跌 50% 仍然不惊慌失措，否则就不要进入市场。

集中投资要求我们集中资本投资于少数优秀的股票。在应用中最关键的环节是估计赢的概率及决策集中投资的比例，其秘诀就是在赢的概率最高时下大赌注。

我认为投资专业的学生只需要学习两门教授得当的课程：一如何评估一家公司，二如何分析市场价格。

"成功的秘诀有三条：第一，尽量避免风险，保住本金；第二，尽量避免风险，保住本金；第三，坚决牢记第一、第二条。"三条秘诀，反复强调，就是一条：避免风险，保住本金。

投资经纪人会告诉你在未来两个月内如何通过股指期货、期权、股票来赚钱完全是一种不可能的幻想。如果能够实现的话，他们也根本不会告诉投资人，他们自己早就赚饱了。

我们以不变应万变的做法主要是反映在我们把股票市场当成是财富重新分配的中心，而钱通常由积极的分子流到了有耐性的投资人手中。

对于投资者来说，关键不是确定某个产业对社会的影响力有多大，或者这个产业将会增长多少，而是要确定任何所选择的一家企业的竞争优势，而且更重要的是确定这种优势的持续性。

如果我们有长期投资的坚定期望，那么对我们而言，短期的价格波动没有任何意义，除非这种波动预示我们将有可能以更便宜的价格来增加手中的股份。

第二篇

李嘉诚经商之道

第一章　实业为基

——以实业聚财，累积财富真资本

开拓实业，要做就做最好

在不少人看来，素来有儒商之誉的李嘉诚着实有些"嬗变"，但这种嬗变是表现在他的实业开拓上，从当初塑胶业起家，李嘉诚先后涉足了地产、石油、货柜码头、电讯、网媒、零售、航运等。一路走来，李嘉诚从来不满足于一个行业领域的成功，他随时都在关注商海潮流，每一次小小的波动，李嘉诚总能依靠着他敏锐的嗅觉在第一时刻洞悉，从而转战商海的各个战场。

如今李嘉诚的实业帝国已经跨越全球多个国家和地区，涉及多个行业领域，然而令人们不得不称叹的是，不论李嘉诚踏足哪个行业，似乎他总能得心应手。或者说李嘉诚是干一行，精一行，每一次新的尝试与冒险，李嘉诚总是准确分析计划，然后大胆投资，精到运营，所以从"塑胶花大王"到地产巨擘，再到货运霸主、3G先锋……李嘉诚的实业开拓，从不是盲目跟风，他奉行的是要做就做最好。

和李嘉诚颇为相似的是，名列亚洲富豪第十二位的菲律宾首富陈永栽。这位同样有着儒商美誉的华裔商人，也以他的商海"72变"而为人们津津乐道。

陈永栽是一个传奇。从平凡到辉煌，从贫穷到富有，这样的经历听起来更像神话。对怀抱梦想的年轻人来说，陈永栽又是一个活生生的梦想成真的例子。陈永栽的经历向他们证明，通过个人奋斗获得成功不仅是故事，而且是可以实现的现实。

陈永栽1934年出生于福建省晋江市一个普通家庭，父亲陈延奎在一家烟厂做工。当时，日寇侵华，闽南沿海一带战火纷飞，民不聊生，年仅4岁的陈永栽随父母远渡重洋，背井离乡来到昔日被人们称为吕宋的菲律宾谋生。几年后，父亲身患重病，只得举家陪同父亲回乡治病。当跟随叔父重返菲律宾时，陈永栽已经11岁。为了补贴家用，他只好在烟厂当童工。他白天干活挣钱，晚上挑灯夜读，以顽强的毅力修完了中学课程，并以优异成绩考上了远东大学化学系。之后，他半工半读，完成了大学课程。毕业后，他在一家公司任实验室助理，不久就被提升为业务经理。

1954年，年仅20岁的他和朋友合资开了一家玉米淀粉加工厂，不赚反赔。这一次的失败，并没有击垮意志坚定的陈永栽，他曾说，任何事情都有好坏两个方面，关键是将不利条件转变为有利的条件。他没有活在失败的阴霾中，而是将借来的钱创立了甘油公司和化学原料公司，这让他初尝了赚钱的滋味。

11年后，陈永栽经过缜密的考察后卷土重来，在马里拉市郊购买了一块土地，创办了福川烟厂。到20世纪70年代末，福川卷烟厂已发展成为全菲最大的烟厂，产品占据了菲律宾卷烟市场的七八成，并辐射到中国香港和东南亚各国。1979年，是福川香烟的鼎盛时期。在当年举行的第13届世界巴黎香烟质量评比会上，陈永栽烟厂生产的香烟一举夺得了三枚金牌和一枚银牌。从此，他的福川牌香烟全面打入了国际市场，在欧美、日本、中东的香烟市场上都占有一席之地，陈永栽本人也因此成为名副其实的东南亚烟草大王。

20世纪70年代起，陈永栽开始涉足进出口贸易和房地产，先后创办了椰油厂、肥皂厂、石棉厂、电子厂、炼油厂和养殖场等企业。20世纪70年代后期，陈永栽又将目光瞄准金融业，创办了菲律宾联盟银行，并亲任董事长。目前，联盟银行在菲律宾国内有近百家分行，成为菲律宾华资三大银行之一。

20世纪80年代，陈永栽开始进军海外。他首先瞄准的是作为国际金融贸易中心的香港，在港设立了自己的海外发展基地——福川贸易公司和新联财务公司。1981年，为了满足在美国大市场投资业务的发展，他在美创办了美国海洋银行。此后，陈永栽看好内地的发展前景，投资3亿元人民币，创建了厦门商业银行。

陈永栽的身上有一股和李嘉诚极为相似的执着劲，那就是一件事不干则已，要干必干好。而这句话也一直被公认为陈永栽的发财秘诀。陈永栽一直坚信物极必反的道理，他总说，人被逼到墙角就会反弹，发挥出惊人的力量。在商场上，开疆辟土，绝不能抱着随随便便或者跟风的心态，要么不做，要做就做到最好。

广撒才有多丰收

超级富翁的"超级"形容的不仅仅是他资产的多寡，一定程度上也指他涉及领域的庞大规模。聪明的商人明白其中的真谛，播种越多，才会有更多更好的收成。

怎样才能赚大钱？投资房产、买股票、搞航运还是涉足其他行业？只要具有精明的商业头脑和前瞻的智慧，每个行业都可以赚大钱。现代社会，优秀商人已不仅仅将眼光局限在某一特定领域，一个行业赚钱再多，总显得有些"单调"。真正有大气魄的商人会尽量涉及多种行业，他们明白多投多得的道理，如同种地，春华秋实，播种越多，收获越丰盈。

李嘉诚不仅在塑胶业大有建树，而且在地产业可谓如鱼得水，不但在香港稳坐宝座，而且还把触角伸到了世界几十个国家，真可谓世界级地产家。与此同时他还在电讯业、石油、货港码头、网络、零售业……叱咤风云。所谓广撒才有多丰收。只有一粒种子，若想套住多只珍稀鸟类，无异于痴人说梦；但若是撒上各类种子，则或可以每有对路，一网打尽。

同李嘉诚一样，香港商业大亨霍英东也是这样一个成功商人。他一生经营领域众多，房产、博彩、石油、酒店、航运等都留下过他投资的身影。

霍英东原籍广东番禺，幼时家境相当贫困，全家靠父亲的驳船生意生活。霍英东小时候，父亲因为翻船溺水身亡，两个哥哥也在随后的一次台风中身亡。有人说，霍英东或许是香港亿万富翁中身世最苦的一个。但苦难没有摧毁这个亿万富翁的心，反而更加激励他去创业。

20世纪五六十年代之后，香港金融业发展迅猛，霍英东觉得金融的发展必然会推动商业住宅楼的发展，他断定房地产业将大有可为，就率先投资280万港币大兴土木，创立立信置业建筑有限公司。通过购房者的定金建造楼房，他也因此大赚一笔，一举打破当时香港房产生意的最高纪录。此后，霍英东当上香港房地产建筑商会会长，拥有香港70%的房产生意，他也由此得到了香港"土地爷"的美名。

20世纪60年代，淘沙在香港商界还是个被"遗弃"的行业，它需要投入大量劳力和资金，但回报相对很小。通过在房产行业的打拼，霍英东意识到淘沙业的丰厚利润，毅然投入大笔资金从泰国购入一艘大型挖沙船，正式挺进淘沙业。随着香港经济的飞速发展，无数高楼大厦拔地而起，建筑用沙成为抢手货，霍英东的淘沙船又一次挖得满满黄金，霍英东也得到了"海沙大王"的美称。

霍英东还参股澳门娱乐有限公司，经营澳门博彩业。据资料显示，澳门娱乐每年给他的分红颇为丰厚，从5000万到2亿港币不等——1984年5000多万，1992年达到2.6亿港币。此外，他于1962年成立信德船务有限公司，专营港澳海运，吸引香港旅客到澳门旅游的同时，也间接刺激澳门的博彩业。1973年信德船务在香港上市，20世纪90年代，它成为香港最大的上市公司之一，市值一度达到120亿港币，霍英东每年也有一两亿港币进账。

20世纪70年代，霍英东又在广东中山兴建宾馆。宾馆动工之时，内部设备和用品全需进口，在宾馆建成的时候，总计投入4000万港币，占地100万平方米。1982年中山宾馆的营业额在全国居第五位，跻身内地五大宾馆之列。

李嘉诚和霍英东都是集亿万财富于一身，除了依仗过人的商业智慧外，敢于在多领域投资的魄力和胆识也是他们成为富豪的重要原因。试想一下，如果当年李嘉诚在自己创业成功的某一领域一直做下去，即使做大做强，也只是某一领域的大亨。

一条路再宽，也只是一个方向、一种途径，不会有新的发现与探索。富豪们正是敢于在不同行业尝试，才不断地淘出金子。平凡的我们也应该这样，条条大路通罗马，财富的道路也不止一条，要学会从多个行业赚钱，这样你才会成为富翁。

不要小看零售业的"蝇头小利"

一只蝴蝶在巴西扇动翅膀，有可能在美国的得克萨斯州引起一场龙卷风。蝴蝶效应告诉我们，一个微不足道的动作可能产生惊人的影响。所以，只要自己没有与世隔绝，一举一动就处在世界的生产链条上，时刻准备验证蝴蝶效应。生活中，往往含有一些酵质，假如酵质膨胀了，就会使生活产生剧烈的变化，从而影响命运。查尔斯·狄更斯在他的作品《一年到头》中写道："有人曾经被问到这样一个问题：'什么是天才？'他回答说：'天才就是注意细节的人。'"在风云变幻的现代经济社会里，零售业就是商场中的细节，而一个成功的商人，往往也是善于发现并成功运作细节的人。李嘉诚的企业王国里，零售业占据了一方不容忽视的天空。他旗下的屈臣氏连锁就是一个很好的例证。

零售业的巨大利润空间，不仅李嘉诚看到了，全球巨商中的许多双眼睛也都盯住了这个领域。全球500强榜首企业的沃尔玛公司，是美国最大的私人雇主和世界上最大的连锁零售企业。截止2009年5月，沃尔玛在全球14个国家开设了7900家商场，员工总数210万人，每周光临沃尔玛的顾客1.76亿人次。沃尔玛1996年进驻中国，为实现在中国百姓心中的大面积"着陆"，沃尔玛一直都在努力降低成本，为顾客省钱。几年的努力使沃尔玛在中国获得了迅猛发展，并一跃而起占据了中国零售超市的榜首。

发财致富是大多数人的共同愿望，但为什么只是少数人成为富翁，更多的人终其一生也难以做到？其原因就是这些人赚钱心理过于迫切，导致心态出现偏差，他们只想发大财、赚大钱，不把赚小钱的机会放在眼里，殊不知，许多大富翁都是从小生意做起，赚小钱发家的。

贾亚芳，2004年中国十大经济女性年度人物之一，曾经的下岗女工，现在因为一碗凉皮成了闻名全国的百万富翁。她靠500元起家卖凉皮，后来将自己的捷尔泰凉皮连锁店开到全国20多个省市，有近200家店。

贾亚芳的凉皮事业从她下岗第二天就开始了。她先调查市场，然后采购原料制作凉皮。第一次卖凉皮就净赚20元，这让她高兴不已。她继续把凉皮做大，但第一次正式开店让她受到了损失，凉皮的口味不好导致无人上门。在第二次开店的时候，她更加精心地研制新的凉皮口味，开张的第一天，她的凉皮卖了110碗，第二天200碗，第三天350碗……前两个月她净赚3万，第三个月要吃捷尔泰凉皮就要早早排队，这也成了她店前的一景。小有成绩的贾亚芳并不满足，她又将自己的连锁店发展到了全国，捷尔泰凉皮已经在新加坡、加拿大注册，在贾亚芳眼里，世界才是真正的舞台。

贾亚芳的经历告诉我们，钱没有小钱大钱之分，只是人的能力有强弱之分。一个拥有致富心、财富梦的人能将小钱做成大钱，小生意也可以做出大格局。

李嘉诚的业务遍布全球许多国家和地区，涉及多个领域，像这样一位华人首富，他也是从做推销员开始，如今也同样不会轻视零售业这样的"蝇头小利"。记得曾有位百万富翁说"小钱是大钱的祖宗"，现实中的很多百万富翁就是靠赚不起眼的小钱，做不值一提的小生意起家的。据统计，国外90%以上的大富豪是白手起家或靠小本起步的，只有不足10%的人靠继承遗产发家。

从李嘉诚、贾亚芳的例子中，我们可以认识到，经商不要嫌生意太小，做小生意是赚大钱的必要步骤，做小生意可以增加阅历，培养金钱意识和赚钱能力，积累人际关系，摸索市场。一个连小生意都经营不了的人更驾驭不了大事业。所以，不要好高骛远，把小事做好，你也能开创一番广阔天地。

品牌化让无形资产变金钱

经商讲究信誉，这就是一种品牌。坚持守信可能会在某些情况下吃点儿亏，但它是干大事业者必不可少的素质与响当当的名头。要发展事业，更需要具备品牌意识。纵观世界各大品牌，无不在好质、好量、好服务上下足功夫，这就是品牌。

李嘉诚重视自己的品牌、信誉，他说："信誉是我的第二生命。"当他的建筑形态遭到民众的反对时，他会选择放弃，即便是已经投入很多。这就是品牌，不会抢夺，理性而宽容。也因此，李嘉诚的盛誉名扬海外，他的名片即是他的品牌，他的品牌即是他的信誉，从而赢得了无数次抢先获得信息的先机。

营销大师科特勒曾这样说过："事实上，市场上成熟的产品越来越多，竞争者大致类似，企业必须用品牌树立在人们心目中的形象。有些成功的品牌，不论它涉足什么行业，人们都购买它的产品，因为它有品牌。"

闻名于世的雀巢公司始创于19世纪中叶。公司建立以后，发展非常迅速，产品线不断拓宽和加长，然而在这种情况下，雀巢公司并没有一味采用当时所通行的品牌延伸策略，将雀巢品牌应用到其所有的产品上。因为它清醒地认识到，在食品行业，当品牌过度扩展到太多不相关联的领域时，消费者的品牌联想力和品牌认知度就可能会逐渐减弱，从而削弱品牌原有的内在魅力，最终使公司的品牌成为一个没有特点、特色和竞争力的简单符号。

基于这种认识，雀巢公司实施了一种颇具特色的品牌策略，建立起公司品牌和产品品牌既相互促进又相对独立的金字塔形品牌体系。

雀巢公司非常重视品牌管理工作。它专门设立了战略经营总部来负责雀巢各品牌的连续发展和在相关领域的效能。采取不同的品牌定位方式为家族品牌定位，并利用家族品牌的力量进行延伸，经过多年的发展，公司的各种产品品牌力量不断壮大，市场形象不断提升，使得这个品牌金字塔的塔基更加坚实，从而也使得位于塔尖的"雀巢"品牌日益耀眼夺目。

雀巢的经验与李嘉诚虽然不尽完全相同，但他们有着同样的品牌理念，雁群高飞头雁领，不论飞行还是栖息，都能看到头雁的引领，头雁在雁群中是最强壮、最敏锐的那一只，所有的大雁都服从头雁的指挥，并无条件地接受它的队形引导。

其实品牌，不仅是企业、产品的品牌，个人同样拥有品牌！李嘉诚无论是他的企业品牌还是个人品牌，都已经形成一笔无形的资产，成为他事业辉煌的重要支柱。

存钱过冬的艺术

李嘉诚一生经历数次金融严冬，却始终屹立不倒，同时又常常能把握时机，逆市扩张，每每创造出在危机中创造财富的奇迹。究竟是什么使得他具备如此坚忍和逆风飞扬的能力？

其实李嘉诚也是个凡人，他不能未卜先知，也没有遇险化夷的超能力，他有的只是睿智敏锐的洞察力、冷静的分析力和优于常人的忍耐力，同时，在历经几次金融风暴的淬炼之中，李嘉诚逐渐磨炼出一套自己的应对金融危机的方法，比如现金为王、低负债率、全球多元化分担风险、看准股市高位适时融资，这些往往使得危机来临前的李嘉诚有着充足的资金储备。而这一切令他有足够的信心顺利过冬，同时又在这一过程中积蓄力量，从不放过任何一个危机中的拓展机会，也因此李嘉诚似乎总比别人走得更稳健。

在李嘉诚的御冬术里，始终有一条是最为重要的，那就是现金。

许多人总是对于长远的重大战略、重大决策具有高度的重视，而觉得企业日常事物中的现金流只是交由财务人员管理的小事。然而，在企业里，现金流的重要性其实不容小觑。现金流决定着企业生死。现金流对于一家企业来说非常重要，其影响远远超过利润给企业带来的影响。如果现金流断裂，即使企业未来的利润再高，也无法解决生存问题。没有了现金流的企业就等于在"等死"。

曾有记者问史玉柱：你提到了那次失败，对于那次失败，你最大的梦魇是什么？史玉柱的回答有些让人心酸："就是被追债。现在给我留下的后遗症就是，我一定要留着充足的现金。现在我的账上趴着69亿现金，几乎是网游行业现金储备的总和。我觉得踏实。"也许非要经历过那种惊心动魄的感觉，才会说出如此刻骨铭心的话。巨人当初在一个星期之内就迅速地垮塌了，从休克到死亡，一瞬间的事，许多人都没回过神来。蓦然回首，史玉柱肯定会有心惊肉跳的感觉。他说，企业最怕在现金流上出问题，企业亏损不一定会破产，但现金流一断企业就会完蛋。现在我不负债了，而且保持着大量的现金流。我们的现金储备已经超过网游行业的公司现金储备总和了。他总结道，10年前的民营企业，现在还活着的不到20%。主要问题其实不是管理不善，而是财务危机——投资失误导致资金紧张，最后资金链断裂。史玉柱以沉痛的教训为忽视现金流管理的错误买单，也为之后的企业家敲响了警钟。

确实，作为商场经营者，必须懂得现金流的重要性，根据企业在不同阶段经营情况的特征，管理者应该采取相应措施，这样才能够保证企业的生存和正常的运营。对于企业来说，最大的风险就是没有危机意识。尤其是有些处在高速成长期的企业，只看到自身的快速强大，而忽略了自己处在商海洪流中可能面临的危机。金融危机、产品安全危机、品牌信任危机、人事动荡危机……企业所面临的危机无处不在，如果不懂得以危机作为自己成长和进步的动力，企业难逃失败的宿命。

李嘉诚用他自己的经验告诉我们，任何时候是自己拥有有备无患的现金流总不是件坏事，保守谨慎和深谋远虑有时其实只是一件事的两面。存钱过冬，是保守，是谨慎，更是艺术，体现了一个深谋远虑又沉稳健泰的商人睿智的经营策略。

李嘉诚启示录

李嘉诚如是说

现金流、公司负债的百分比是我一贯最注重的环节，是任何公司的重要健康指标。任何发展中的业务，一定要让业绩达致正数的现金流。

即使本来有一百的力量足以成事，但我要储足二百的力量去攻，而不是随便去赌一赌。

过去两年里股市最炽热的时候，有人说如果我们将码头业务出售，可以获得50~60倍的市盈率，我们不是不懂得买卖，但集装箱码头是我们的核心业务，这么多年建起来，不会随便卖掉公司的控股权。

因为我不是只投资一种行业，我是分散投资的，所以无论如何都有回报，我比较小心。而且我个人（资产），很多是一个礼拜便可以拿得到现金。一周能拿到现金（的项目）占我的投资比例不少于1/3。例如政府债券、股票，一个礼拜都能拿到。我当然还有其他的投资，例如地产，这不是马上可以兑换为现金的。

超人链接：成功3Q——李嘉诚谈成功的三个因素

——香港理工大学李嘉诚楼命名典礼

今天很高兴在这里与各位聚首一堂。理工大学在胡应湘主席、校董会同仁和潘宗光校长悉心领导下，成功地为香港的高等教育肩负重要的使命。理大历史悠久，她前身是培养专业技术及管理人才的理工学院，是中小型企业的摇篮，很多毕业生亦已成为各行各业的骨干，她对香港的成长，实有不可磨灭的贡献。本人能为理工大学的发展尽一份力，是一件非常有意义的事，承大学方面以本人名字为这座宏伟的大楼命名，谨表衷心谢意。

你们可能不知道，当我为今天讲话定题的时候，同事们马上议论纷纷，不同的分析论点接踵而来。有些说光是 3Q 是不准确的，5Q 比较切实，有些说无限 Q（nQ）才是绝对概括，老实说我并非学者，今天也不是做学术报告，我所知的都是从书本及杂志吸收而来，但我的知识及见解却是自己的经验和观察所累积。究竟成功人生有没有放之四海而皆准的方程式？

每个人都可以有巨大的雄心及高远的梦想，分别在于有没有能力实现这些梦想,当梦想成真的时候,会否在成功的台阶上更知进取?当梦境破灭、无力取胜、无能力转败为胜时,会否被套在自命不凡的枷锁?抑或会跌进万念俱灰无所期待的沮丧之中?再有学识再成功的人,也要抵御命运的寒风,虽然我在事业发展方面一直比较顺利,但和大家一样,无论我喜欢或不喜欢,我也有达不到的梦想、做不到的事、说不出的话,有愤怒、有不满,伤心的时候,我亦会流下眼泪。

人生是一个很大、很复杂和常变的课题,我们用分析、运算、逻辑等理性智商(IQ)解决诸多问题。用理解力和自我控制的情绪智商(EQ)去面对问题;用追求卓越、价值及激发自强的心灵智商(SQ)去超越问题。在我个人经历中,对此3Q的不断提升是必要的。IQ、EQ、SQ皆重要:学术专业的知识,使我们有能力去驰骋于社会各行各业中;对自己及他人环境的了解,能发挥人与人之间的同理心,加强家庭、学校、机构的团队精神;慎思明辨的心灵能力驱使我们对意义和价值的追求,促动创造精神,把经验转化成智慧,在顺境和逆境之中从容前进。

今日全球经济明显欠佳,平常生活中经历的所有挫折,均显得更加沉重,遗憾的是在经济转型中,并没有实时显效的灵丹妙药,亦没有人可以向你保证说所面对的问题会持续多久,只有聪明睿智的人洞悉到今天不是昨天,知道要承担无可逆转的改变,尽管今天没有破译的方法,他们也不会凝固于痛苦与自我折磨之中,不会天天斤斤计较眼前的得失,不会天天计算眼前的利弊,因他们知道每日积极正面地面对、思考及冲破问题,是构成丰盛人生的重要环节,及为人生累积最有价值的财富。即使处境可能不会因自己的主观努力或意志转移,但他们早已战胜生活的苦涩,为转危为安做好一切准备。

各位朋友,世人都想有一本成功的秘籍,有些人穷尽一生精力去找寻这本无字天书,但成功的人,一生都在不断编制自己的无字天书。今天在这里希望能与大家共勉。谢谢大家。

2001年1月24日

第二章　稳中求进

——稳健中发展，发展中不忘稳健

未买先想卖

回望李嘉诚几十年的商业生涯，商业环境的风云突变并不罕见。他历经两次石油危机、亚洲金融风暴等历史性的重大危机，能够在长达50年的经营中，从未有一年亏损，直到最近几年仍能保持两位数的利润增长，如果用"幸运"来解释显然远远不够。《全球商业》曾采访过李嘉诚，其间李嘉诚的回答或可以管中窥豹。

李嘉诚谈道："从前我们中国人有句做生意的话：'未买先想卖'，你还没有买进来，你就先想怎么卖出去。"的确，成功并非神来之笔，而是步步为营的结果。当别人看他是一飞冲天的"超人"，他自己却在沉思，要不要出手，出手后的结果是什么。

在顺境时居安思危，巧妙布局，在关键时刻突发奇兵，在李嘉诚投资之中比比皆是。但是在逆境中呢？逆境中李嘉诚同样从容不迫，要么坚持，要么退步，要么完全撤出，李嘉诚的掌控步调依然井井有条。

所以，李嘉诚告诉记者，做生意一定要有周详的计划。危机感的体现，其中一点，就是在做生意之前，投入资本之前，要考虑一下："投资时我就是先设想,投资失败可以到什么程度？成功的多几倍都没关系，我也曾有投资赚十多倍都有，有的生意也做得非常好，亏本的非常少，因为我不贪心。"这种不贪心实在是有计划的。

由于在华人世界的巨大影响，李嘉诚甚至被冠以了"华人巴菲特"的美誉。巴菲特的路子是稳健，李嘉诚也毫不逊色。他善于分配资本，厌恶负债，热爱现金流稳健的业务，并都将状况不佳的老牌公司重塑为一部"价值机器"。"公司是从来没亏过，个人的赚钱、财产，也是一直增加"就是"未买先想卖"的明证。

上海海港工程是李嘉诚的一项大手笔。这一系列迅捷操作背后是什么在起作用？我们来看曾经在《中国企业家》上刊出的记者王琦的一段文字：

20世纪80年代末，当大多数国际企业还在观望中国时，李嘉诚的身影已经频频出现在时任上海市市长的朱镕基身旁。1993年8月，和黄获得了在黄金港口上海合资兴建码头的机会，与上海港务局（后改制为上海港务集团公司，以下简称"上海港务"）旗下上港集箱投资上海集装箱码头（以下简称"SCT"），拥有7个集装箱专用泊位，总投资56亿人民币。作为对李嘉诚甘作开荒牛的"诚意"的回报，在SCT，和黄被破天荒允许持有50%的股权。

此后，李嘉诚开始了在中国大陆南方的海港布局。1994年，由和黄和深圳盐田港集团合资成立的盐田国际集装箱码头有限公司正式营运，注册资本24亿港元，其中和记黄埔占73%。其后，和黄陆续获得盐田港区一、二和三期直至四期工程，囊括9个集装箱船泊位，股权都在65%以上。接着是厦门、宁波，到2001年，和黄已经控制了中国东海岸线1/4的港口资源，有了"定价的能力"。

李嘉诚充分认识到了计划的重要性。定价能力是李嘉诚最终卖的资本，而其之所以能够在第一时间大手笔"买"，正是基于对"卖"的认识展开的。确实，李嘉诚在全球商界的口碑由此可见名副其实。

如果对当前形势有深刻认识，李嘉诚必然会进行一系列挖掘，为既得利益进行不懈努力，塑料花市场是这样，房地产市场也是这样。每一次投资都能在别人尚未看清形势之前，先一步看清"卖"的形式，从而从容不迫地在"买"处展开，这是李嘉诚"稳健—发展"中的顶级智慧。

在内地房地产市场，李嘉诚可谓是一线、二线城市通吃。2007年4月，长江实业与和记黄埔以24亿元联合投得重庆市南岸区杨家山片区地块，该项目总建筑面积为410万平方米。规模之大，相当于再造一个新城，预计总投资将超过120亿元人民币。由于非常看好内地的房地产市场，李嘉诚不惜提早数年出手，以便完全占领市场。这种大气度，如果没有好的"卖价"，李嘉诚绝然不会冒进。有人评论说："购下地块后储备待用，已是李嘉诚在内地进行房地产投资的公开秘密，有的地块甚至被雪藏了十多年之久。"足见李嘉诚的雄心。

李嘉诚投资收购的赫斯基能源公司如今已成为李嘉诚旗下和记黄埔最赚钱的"盈利老虎"。而在22年前谁会想到去收购一家资本支出与负债过高的中型石油公司呢？

李嘉诚想到了。他自信地宣布："赫斯基能源在七八年前还被人批评说得亏损，但是今年和黄最大的盈利贡献就来自赫斯基。"

"未买先想卖"，这一思想一次次让李嘉诚在危机中翻身，在翻身中超越，在超越中达到登峰造极的商道艺术。

有风险意识才有准备

任何制度都存在发生意外的可能，任何决策都存在发生疏漏的可能，任何运行都存在发生偏差的可能……对于不能保证"绝对"的，我们便要用一种意识来做最后的防备，那就是风险意识。风险就像悬在头顶的一把达摩克利斯剑，谁也无法预测它什么时候会掉下来，为此，对自己、对公司、对行业、对市场保持清醒机敏的风险意识，明察秋毫，防患未然，以便化险为夷是生存的必要条件。

对此，李嘉诚曾做过一个形象的比喻——就像是军队的"统帅"必须考虑退路。例如一个小国的统帅，本身拥有2万精兵，当计划攻占其他城池时,他必须多准备两倍的精兵,就是6万,因战争激活后,可能会出现很多意料不到的变化;一旦战败退守,国家也有超过正常时期一倍以上的兵力防御外敌。

正是因为有足够的准备力量,所以才能笑对风险,及时转向规避,甚至逆转形式。

被媒体尊称为"郎监管"的郎咸平就十分推崇李嘉诚的"风险准备"。郎咸平认为,在对风险的准备上,李嘉诚无疑是内地企业家的榜样。虽然涉足七大行业的多元化公司和记黄埔在七大行业中最坏的负债率高达50%,盈利最好的达到200%,但李嘉诚的天才之处在于通过对七大行业的整合、互补,把最终的数据锁定在了－5%~20%,80%的行业实现了长期盈利。

这就说明,李嘉诚的"风险准备"不论是为其以后的大扩张,还是其可能遇到的大困难,都备好了充足的后路。相比较国内其他企业40%甚至更高的负债率来讲,李嘉诚立于不倒之地不是句空话。

我们来做个有趣的对比:国内企业很热衷于做"可行性报告"——总会千方百计地想出各种理由要介入一个新的行当,然后开始憧憬5年计划,并进军500强;李嘉诚很热衷于做"不可行性报告"——假如这个行业亏得一塌糊涂,有没有哪个行业来拾遗补缺。

2007年,美国次贷问题的全球金融海啸全面爆发之前,危机已经逼近,但绝大多数企业并没有意识到。李嘉诚不止一次针对股市泡沫和全球经济前景提出警告。两年前就能感觉到危机即将来临,因此其集团在重大政策及发展上均非常小心,没有收购其他资产,只在本行内继续发展的李嘉诚正是以其卓越的风险意识提前做好了应对,所以才能在其来临时缓冲,没有受到严重打击。能够笑对此次金融危机,李嘉诚并非运气。

的确,在商海里摸爬滚打的李嘉诚就这样说:"任何事业均要考量自己的能力才能平衡风险,一帆风顺是不可能的,过去我在经营事业上曾遇到不少政治、经济方面的起伏。我常常记着世上并无常胜将军,所以在风平浪静之时好好计划未来,仔细研究可能出现的意外及解决办法。"

不但在事业上是如此，就算是生活、娱乐、休闲中他都没有丝毫的放松风险意识。他曾在接受访问时说，他的游艇从来都是定制两个引擎两个发电机，以备不时之需。甚至，"如果两个都坏掉，我船上还有一个有马达的救生艇。"因为有救生艇，李嘉诚才能在任何威胁面前保持冷静，依着自己早已准备好的路从容撤退。

不光李嘉诚，全世界精英人物都意识到了这个问题，甚至还把其作为一个课题来实验。在世界著名的大企业中，随着全球经济竞争的发展，挑战会越来越激烈，要是沉醉于自己的优势地位，就可能会遭到淘汰。为改变这种状况，各国企业都很重视推行危机管理。百事公司就是其中的一例。

百事可乐公司作为世界软饮料行业的大哥大级人物，可谓春风得意，每年有几百亿的营业额，几十亿的纯利润。但是，展望公司的未来发展前景，公司的管理者们看到汽水业会趋于不景气，竞争也会更加激烈。为避免被市场打败的命运，他们认为应该让自己的员工们相信公司在时刻面临着危机。但百事公司一路凯歌高奏，让员工相信危机这回事谈何容易？

公司总裁韦瑟鲁普决定要制造一种危机感。他找到了公司的销售部经理，重新设定了一项工作方法，将以前的工作任务大大提高，要求员工的销售额要比上年增长15%。他向员工们强调，这是经过客观的市场调查后做出的调整，因为市场调查表明，不能达到这个增长率公司的经营就会失败。这种人为制造出来的危机感马上成为百事公司员工的奋斗动力，使公司永远都处于一种紧张有序的竞争状态中。正是这些，保证了百事公司能永远欣欣向荣地走向未来。

李嘉诚是一个时刻注意风险的人，所以李嘉诚的成功似乎是必然的。因为，他有着绝佳的护航手——"风险准备"。

花90%的时间，不想成功想失败

在一本《秘书工作》杂志的卷首絮语上，载有一篇作家蒋光宇写的小文，名叫《花90%的时间考虑失败》，其中直接撷取了李嘉诚的话。内容是这样写的：

从1950年起，22岁的李嘉诚开始在商场上创业发展，一步步地由"塑料花大王"走向了"地产大王"，成了世界华人的首富。

有记者采访李嘉诚："大家都很好奇，您在半个多世纪的漫长岁月中，从来没有过一年亏损，既能将事业大胆地扩张到世界各大洲的55个国家，又能做到万无一失，从不翻船，这其中的奥秘究竟是什么呢？"

李嘉诚回答："我往往会花90%的时间考虑失败。"接着他解释道，"我不停地研究每个项目可能出现的种种问题。这就好比在风和日丽的时候驾船远航，在离开港口之前，一定要想到万一强台风袭来之际应该如何应付一样。"

记者问："一般人满脑子都在想怎么成功，您为什么要花90%的时间去考虑失败呢？"

李嘉诚沉稳地回答："一定要先想到失败。一个机械手表，只要其中的一个齿轮有了一点毛病，这个表就有可能停顿；一家公司，只要其中一个机构有了一个毛病，这个公司就有可能垮台……把种种失败考虑得越充分，成功的把握才会越大。"

居安思危、多考虑失败，是走向成功的清醒剂；故步自封、陶醉于成功，则是走向失败的迷魂汤。"花90%的时间考虑失败"，实质就是向最坏处打算，向最好处努力。

最后一句话"向最坏处打算，向最好处努力"给人很多感慨。成功之人之所以成功，常常有着很多与众不同的东西。

俞敏洪的账上始终趴着2亿现金，目的就是防止遇到"非典"这样的特殊时期；史玉柱的账上也始终趴着2亿现金，而且很多资产都可以在一个月内迅速变现，目的就是防止企业经营万一再次出现原来盖巨人大厦时的局面能安然度过；李嘉诚的账上始终趴着2亿现金，很多资产可以迅速变现，目的就是防止"金融风暴"这样的大灾难……把90%的时间花在考虑失败上，成功人士用其实际行动证明了"失败"的重要性。然而，常人想成功，却都是把心思花在了琢磨着如何能成功上。一左一右，大相径庭。

史玉柱曾经在《赢在中国》上说过一句话，似乎恰恰应对了李嘉诚的观点，史玉柱说"90%的困难是你连想都没想到过的"。李嘉诚想到了，于是李嘉诚成功了。

的确，一心想成功，便会忽略很多危险。只有边为成功而努力，边留心身边的陷阱、危险分子，才能在风险来临之前及时化解，成功才能步步临近。把可能导致失败的因素考虑得越充分，成功的把握才会越大。

德鲁克说过："如果不着眼于未来，最强有力的公司也会遇到麻烦。"确实，德鲁克的这句话与李嘉诚可谓不谋而合。

一个商人如果没有超前的忧患意识，不能居安思危，沉浸于一时得以成功的自我满足中，那么90%的失败就极有可能不是想象，而要是事实了。

危机意识的核心是"企业最好的时候往往是下坡路的开始"。要求管理者要有忧患意识，要居优思劣、居安思危、居盈思亏、居胜思败，其目的就是预防危机的到来。海尔总裁张瑞敏曾说过："没有危机感，其实就有了危机；有了危机感，才能没有危机；在危机感中生存，反而避免了危机。"

而一个真正成功的商人应当随时具备忧患意识，强化战略的预见性和未来性，善于居安思危，像李嘉诚一样花90%的时间想失败。这不是为了失败而做功课，而正是为了那个梦寐以求的成功做功课。在稳健中求发展，发展才有成功的保证。去掉了稳健，去掉了对失败的警觉性，那么，失败的阴影很可能就会笼罩眉头。

要做大事，"审慎"二字不可丢

人人皆知李嘉诚是稳健、不浮躁的典范。在很多报纸上，最常见的一句话便是"一向审慎的李嘉诚……"之类的话，足见李嘉诚的行事标准：审慎做事。

2009年，全球经济开始复苏。8月，长江实业、和记黄埔举行业绩发布会，刚刚过完81岁生日的李嘉诚神采奕奕地答记者问。尽管旗下长江实业与和记黄埔中报均胜过市场预期，李嘉诚却对全球经济的走向继续审慎。他说，弄清上市规则后再决定。认为在此时投资股市需要小心，千万不能借钱入市。他幽默地说："如果炒炒股票就能赚大钱，大家就都不用这么辛苦地坐在这里了。"

如此谨慎预测，说话滴水不漏，且温和亲切，不能不说李嘉诚已把"审慎"艺术发挥到了极致。

为人持重，不浮躁行事，是许多成功人士面对机遇时的态度和成功的经验。

17岁，李嘉诚辞别舅父，开始自己的创业道路。每次选择都是如履薄冰，审慎决定，而每次的结果都让人欣慰不已。

22岁，李嘉诚创立长江塑胶厂。乐观让年轻的李嘉诚没有看到足够危险，从而付出了沉重的代价，但他也收获了一点"稳健发展"。从此他收获了"审慎"。

第七个年头，李嘉诚开始放眼全球，发现了美轮美奂的塑胶花，并把其挪回家精心培植。审慎处理塑胶花上市前的每一个环节让李嘉诚一鸣惊人，最终成为著名的"塑胶花大王"。

1958年，李嘉诚把重心转向房地产。此时塑胶花的未来已不明晰，很快便会走下坡路。而房地产则接近鼎盛时期，李嘉诚审慎对待"过热"的炒房，终于在危机中独善其身。

1972年，"长江实业"上市，其股票被超额认购65倍。李嘉诚在地产业很快崭露头角，在与置地对决中成长为"地产大亨"。他的策略，依旧是审慎行事，稳健发展。

1986年，李嘉诚进军加拿大，经过认真思考后，购入赫斯基石油逾半数权益。在22年后，这个有着巨额债务的赫斯基成为李嘉诚手中的摇钱树。

……

不必再往后数了，李嘉诚的每一步都彰显了其全盘布局、审慎行事、一击而中的做事风格，每一步都堪称一个经典案例。

"我是比较小心，曾经历过贫穷，怎么会轻易去冒险？你看到很多人一时春风得意，一下子就变为穷光蛋，我绝对不会这样做事，都是步步为营。"李嘉诚这样说，也是这样做的。

其一直被认为是华人商界的一个传奇,从最早的香港"塑料花大王"再走向"地产大亨"的李嘉诚,未来更可能变成"石油巨擘"绝不是一句妄言。

机遇摆在所有人的面前,对任何人来说都是平等的,只有在人生的每一次关键时刻,审慎地运用你的智慧,做最正确的判断,选择属于你的正确方向,才能走向成功的宝座。审慎不是拒绝前进,不是议而不决、停滞不前的借口。在李嘉诚眼中,"审慎"是一门艺术,是能够把握适当的时间做出迅速的决定。

"其疾如风,其徐如林,侵掠如火,不动如山。"这是一位老对手对李嘉诚的评价,中肯地表现了李嘉诚的行事风格。这种如同武林高手般把握其中精要的人如果没有谨慎,恐怕任谁都难以相信。

在"炒房"热期间,与李嘉诚的"保守"所不同的是其老乡,"西环地产之王"潮籍银行家廖宝珊。

廖宝珊创建了廖创兴银行,由于银行业与地产业"骨不离肉"相纠结,身处银行业的廖宝珊也涉足了地产业。卖楼花出现后,他和其他的地产商一样,开始跟风。廖宝珊凭着自己在银行业的优势,卖起楼花来更是得心应手。为了迅速扩张地产,廖宝珊不顾一切,几乎掏空了储户的存款,灾难一步步向他靠近。1961年,廖创兴银行发生挤提风潮,廖宝珊此时负债累累,无法承受来自多方面的压力,结果因突发脑溢血而猝亡。

面对诱惑,如果能够做到审慎行事,相信廖宝珊也不会过于狂热而看不清未来的时局。而李嘉诚正是因为能在众多地产商和银行大肆建楼时,按兵不动,没有被眼前的建房热潮混淆视线,才顺利逃过这一劫。从而在其他地产商忙于补救之时,自己能够稳步拓展着地产事业,积累实力,等待下一次飞跃。

经营一家较大的企业,一定要意识到很多民生条件都与其业务息息相关,因此审慎经营的态度非常重要。而历数李嘉诚的每次投资、收购,都无不给人启发。由此,李嘉诚的"扩张中不忘谨慎,谨慎中不忘扩张"思想开始为人们所青睐。虽然李嘉诚一生有数次极大的冒险,并且被人们称为"豪赌",但郎咸平认为"稳健才是李嘉诚成功的法宝"的说法才是准确的。

李嘉诚说：要做足准备工夫、量力而为、平衡风险。三句话一气呵成，让"审慎"二字成了一条铁的定律。

不疾而速才能一击而中

在李嘉诚的经商之道中，最为有名的现身说法便是"好谋而成、分段治事、不疾而速、无为而治"。很明显，其中涵盖着很强的哲学思想。如果仔细研究一下，我们会发现，尽管商界弥漫着浓厚的求快气息，激烈竞争的最终胜出者却往往是坦然行事、张弛有度者。武林高手过招自然要快于无形，但如若一味盲打岂不是必然失败。只有在快中把握节奏，不疾而速才能以犀利取胜。

20世纪60年代后期，香港大兴移民潮，无数人选择逃亡、迁移。只有李嘉诚没有迅捷行动，在不急而速中选择了一条冷静的捷径——"人弃我取"。大手笔的地产投资让李嘉诚实现了人生中里程碑意义似的又一次腾跃。

在李嘉诚的诠释中"不疾而速"有了新的商战意义：由于已有充足的准备，故能胸有成竹，当机会来临时自能迅速把握，一击即中。如果你没有主意，怎么能"不疾而速"？正如和黄集团前董事总经理马世民形容的那样："李嘉诚是一个玩cycle（循环）的高手，但别人玩cycle是赌博，他玩cycle是避险，因为他已有必胜的把握。"

李嘉诚的经商策略极富个性。自1992年李嘉诚入主内地房地产业起，一直执行"拖后"政策。他寻得的许多优质项目，往往会等上三四年才进入开发。而旗下许多成熟物业，也会采取租赁经营，以缓慢而稳定的方式回笼资金。寻求契机是李嘉诚一直追求的一个原则。

2008年初，全球性的金融危机临近。嗅觉灵敏的李嘉诚很早便意识到这将是一种极大的破坏，迅捷出售原有项目，出售上海世纪商贸广场和御翠豪庭两个重头项目回笼资金超过50亿元。不仅如此，他还密集启动长三角三大项目（上海周浦镇住宅项目、上海新闸路商业及办公综合项目、江苏常州天宁住宅项目），甚至提前将部分项目投入市场。这种果断的行为为其之后的路做了最大铺垫。这便是李嘉诚的"老早有这个很多资料""很多困难老早已经知道""老早想到假如碰到这个问题的时候，你怎么办？"因为敏锐，所以才能不疾而保持了速达。

事实很快验证了李嘉诚的判断。因为有这些准备，2008年和记黄埔年报显示，其以获得超过150亿港元的净利润水平，维持了500亿港元以上的现金水平，保住了李嘉诚不动如山的超人地位。

面对机会的来临，人们常有许多不同的选择方式，但是每个人的机会是平等的。有的人会单纯地接受；有的人保持怀疑的态度，站在一旁观望；有的人则顽固到底，不肯接受任何新的改变，于是各有各的结局。许多成功的契机，在萌芽之时便已经注定了结局，只有那些敏锐的、进退自如的人才能看得到它的雄厚潜力，在行如风、坐如钟中赚得杯盆钵满。

"不疾而速"，其实是在风险管理、信息收集、财务准备齐备了，遇到机会，才能一击即中。

"20世纪90年代初，和记黄埔原来在英国投资的单向流动电话业务Rabbit，面对新技术的冲击，我们觉得业务前途不大，决定结束。这亦不是很大的投资，我当时的考虑是结束更为有利。

"与此同时，在通信技术很快地变化、市场不明朗的关键时刻，我们要考虑另一项刚刚在英国开始的电讯投资，究竟是要继续还是把它卖给对手？当然卖出的机会绝少，只是初步的探讨而已。我们和买家刚开始洽谈，对方的管理人员就用傲慢的态度跟我们的同事商谈，我知道后很反感，将办公室的锁按上了，把自己关在办公室15分钟，冷静地衡量着两个问题：再次小心检讨流动通信行业在当时的前途看法；和记黄埔的财力、人力、物力是否可以支持发展这项目？

"当我给这两个问题肯定的答案之后，我决定全力发展我们的网络，而且要比对手做得更快、更全面。Orange（橙）就在这样的环境下诞生，并全速发展。"

面对一个机遇，迅捷地抢是必要的。然而我们也应清晰地明白，我们之所以要"抢"，为的是什么。若是对这个完全没有概念。那么，即便是抢过来也一无用处。李嘉诚正是由于对任何事情都看清楚再行动，所以每次都能有满意的结果。

万事想好退路，打有把握之仗

在人们的印象里，"破釜沉舟""坚持到底"往往是成功的最大保证，而给自己留下后路的，则往往会因为不卖力而最终失败。有些主题甚至会写道"成功的唯一秘诀，就是坚持到最后一分钟"……

然而，李嘉诚却并不这么认为。在他的眼中，有破釜沉舟、志在必得的心态是必要的，然而如果真的不留退路，则是最不聪明的做法。李嘉诚说，就像是军队的"统帅"必须考虑退路。

所谓"留得青山在，不怕没柴烧"就是这个道理。李嘉诚不但要留青山，还要留柴，从不做断粮生意。循着历史的轨迹，我们看到了范蠡于勾践灭吴后为自己寻找退路，免遭杀害；我们看到了项羽攻打刘邦，不思退路，最终自刎乌江。范蠡不是在全力以赴地努力吗？答案是肯定的。但是他仍然意识到了危机，并且在危机之前做了最好的打算，所以可以从容离开；项羽不是在全力以赴地努力吗？答案是肯定的。但是他忽略了很多致命因素，也因此才葬身乌江。如果他能在大好形势时意识到自己的弱点和对方的无赖，是不是便能有别的退路，留得青山在呢？

李嘉诚曾经推荐过一文——《盔甲骑士》，很能表现其思想。故事的大意是这样的：

有一位心地善良、英勇善战的骑士，他屡立战功，受到国王和百姓的赞赏，获得了一副金光闪闪的盔甲。骑士身披闪耀的盔甲，随时准备跳上战马，向四面八方冲去，向邪恶的骑士挑战；杀死作恶多端的恶龙；拯救遇难的美丽少女……

即使在家里，他也穿着轧轧作响的盔甲自我陶醉，吃饭睡觉都不愿意脱下，甚至连他美丽的妻子朱丽叶和可爱的儿子克里斯托弗都记不清他的面容了，最后连他自己也忘记了自己的真面孔。

终于有一天妻子对他说:"你爱盔甲远甚于爱我。"她和儿子准备离开他了,这时,骑士才感到惊慌,他想脱下盔甲,可是盔甲已经生锈,再也脱不下来了!

骑士习惯了成功,没有意识到盔甲已开始生锈,也忘记了盔甲虽然标榜着成功,但盔甲中的自己才是成功真正的创造者。

其实,人生天地间,原本就应该有所作为的,拥有进取心是我们最大的财富。所谓"天有不测风云,人有旦夕祸福",未来事情难以把握。给自己找条退路,是全面分析形势后的从容,是客观把握事情后的豁达。它不至于使你四面楚歌,它不至于使你身陷囹圄。

进入20世纪80年代,港商已经纷纷向内地投资,连霍英东和包玉刚也开始对内地投资。然而李嘉诚始终按兵不动,一直等到了1992年5月1日,李嘉诚代表长实与中方合资成立了深圳长和实业有限公司,港中双方持有平等股权。自此李嘉诚开始在内地大展拳脚。

当然,他依旧没有冒进。对于李嘉诚来说,绝对不打无把握之仗。于是,仅仅时隔3个月,李嘉诚在长实集团中期业绩报告中指出了中国的发展前景非常广阔。这3个月中李嘉诚做了什么呢?全面评估内地市场,甚至进行实际勘查。

李嘉诚的精明决策和高效的办事作风令内地人士非常惊叹。更为惊叹的还在后面,当记者问起李嘉诚预计在内地的投资额时,李嘉诚竟然回答会拿出长实集团25%的资产。这不是妄言,正是由于其详尽的勘察,和已做好全面的后备准备情况下,才做出了这个大胆的决策。而这个决策,绝对超值地回馈了李嘉诚。

短短几年的时间,李嘉诚和他率领的长实在内地各个地方参与了多种项目的发展。虽然李嘉诚不是向内地投资的领头军,但是,他在内地进行的全面投资完全可以弥补后入的被动局面,并很快使长实在内地的投资地位显著上升,并且在短短几年内囤积了可开发20年的地产,可谓是狮子大口,有吐有吞。

给自己找条退路,这是一种境界。给自己找条退路,不是自甘示弱,放弃梦想;不是缺乏自信,自我诽谤;不是在理想的征程中迷失了方向,不是在奋斗的历程中失去前进的翅膀。它,是一种智慧,一种豁达与从容的智慧;它,是一种高度,是一种"不畏浮云遮望眼,只缘身在最高层"的高度;它,是一种境界,是一种"位卑未敢忘国忧"的曲线救国的境界。

经典迪士尼动画片《猫与老鼠》中,老鼠嘲笑猫时,它身边一定要有个鼠洞,这就是一种智慧。李嘉诚已经那么强大了,但他仍然时刻为自己准备好后路。因为他知道,人算不如天算,再聪明的人都会有失算之时。所以,李嘉诚凡事都会深思熟虑,有充分的心理准备之后才去做,他说:"一向以来,我做生意处理事情都是如此。例如天文台说天气很好,但我常常会问自己,如果5分钟后宣布十号台风警报,我会怎样。在香港做生意,就要保持这种心理准备。"

这就是一个智者,一种立于不败之地的资本,一种难以逾越的高度。

要冒险,但不盲目冒险

在有关李嘉诚的评价中,人们习惯于把李嘉诚起家时突击建厂描绘成一次最为惊险的冒险,甚至在《华人首富》中被称为"生平唯一一次冒险"。其实并不正确,李嘉诚一生冒险无数,且充满了战斗的激情和乐趣,往往被人称为豪赌,如3G业务等。

1950年末,李嘉诚订立远大目标:进军世界。因为他知道,香港这只"羊"太小了。正在此时一家北美大型塑胶花公司给李嘉诚发来了电报,说他们将在近期来香港,考察长江塑胶厂和其他塑胶花企业,以寻求长期合作,采购部经理将在一周内到达。

这个消息让李嘉诚十分兴奋,他敏锐地意识到,这将是他走向欧美的一个契机。由于他十分了解欧洲以"貌"取人——强调基础设备这项基本要求,李嘉诚做了一个前所未有的决策:毕其功于一役攻克基础设施难题。当天他即召集所有的员工通告了这一消息:找厂房,迁厂,建厂,建成一流化生产线,并且立即投入使用,期限为7天。

所有人都认为这是一个神话，李嘉诚却坚信，神话是可以实现的。他以他的魄力影响了整个时局。不用再说过程，等到7天后欧商踏进李嘉诚的新厂房，非常满意时，李嘉诚的冒险终于圆满落幕。这次冒险为李嘉诚带来了两件事：一、每年数百万美元的生意；二、进军国际市场的跳板。

有评价这样说，在一个塑胶花盛行的"假面时代"，在香港低成本制造业开始走向全世界的时候，李嘉诚用7天的时间，完成了香港塑胶花企业到世界级塑胶花企业的飞跃，而他等待的时间是之前惨淡经营的5年。

在其中，我们可以发现惊人的冒险，但细心的读者有没有发现，这种冒险并不是拍脑袋间便决定的，它有着精密的计算、细心的筹划、排除万难的勇气和行动中的有条不紊。

李嘉诚能够在机会来临时第一个迅速判断，并且迅速下结论，这是冒险的开始；冒险是为了一个远大的目标，即进军世界而进行的，这是冒险的必备条件；冒险是要以精确的计算为开始，以能够完成为极限的，这是冒险的左右手；冒险是要以能猜出结局的完胜为结果的，这是冒险的终极目标。在这些可备条件下，李嘉诚没有丝毫犹豫，这是李嘉诚最优秀的素质体现。这毫无悬念地说明，李嘉诚的冒险，不是盲目的，而是精心策划的。

在人的一生中，我们常常会把进军陌生领域看作是冒险，这并非毫无根由。有句老话叫"商场没有第二"便是这个道理。在他人擅长的领域里，新手坐第一位似乎很难。然而李嘉诚却并非因此停步。在某些领域，他似乎具备超常的冒险精神，如互联网、3G通讯，又如常人不感兴趣的生物科技等。新领域冒险，对李嘉诚来说从来不是一个新名词。

而值得注意的是，当进军新领域被众口一词评为"绝对以失败告终"时，你会怎么办？相信绝大多数人会选择犹豫、退却。而在自己笃定会赢的新领域里巨亏（像个大黑洞）时，你会怎么办？相信所有人会选择退出。李嘉诚是怎么选择的？继续前进。李嘉诚也的确是这么做的。一些数据可以展现出李嘉诚的亏损，一些数据也可以展现出李嘉诚坚持的决心。

据透露，和黄自2000年高价买到欧洲3G牌照后，业绩就开始受3G业务拖累，到2004年开始由盈转亏，甚至面临公司整体业绩下滑的危险。截止2010年3月30日，和记黄埔发布2009年全年业绩，和记黄埔与长实形成鲜明对照。和记黄埔业绩受3G业务52.81亿港元亏损的拖累，期内净利润为141.68亿港元，同比增长11.7%，只达到市场预期的下限水平。

不过，这个数据还是好于2009年年中的花旗集团机构预测。作为3G网络建设的先锋，和记黄埔在3G项目中投入了数百亿美元，占其总资产将近30%，却没有1美元的回报。尽管无线上网作为3G最典型的应用，自2008年在各大市场主推，然而2009年EBITDA亏损的1.76亿港元也只是相较2008年的157.92亿港元亏损显著收窄而已。预计今年公司的3G业务将实现盈亏平衡。

尽管每年有如此大的亏损及影响，仍然没有左右李嘉诚的信心，他表示，该业务2009年实则进步不小。全球3G业务正实施网路提升计划，目前奥地利已完成工程，香港方面则最迟于2016年年底会完成，由于工程是在现有系统上进行，故成本不高。一旦累计盈利将累计亏损对销，便一定会把3G业务上市，而3G集团将来亦一定是集团旗下最赚钱的子公司。

言下之意十分明确，3G很快就会出头了！这么细小的问题，"超人"都要计划，不能不说李嘉诚的计划是多么缜密。而这些计划，也必将影响冒险的走向，换来年的锦绣前程。这其中，若是李嘉诚稍有犹豫，便是千亿的赔钱买卖和一语笑柄了，哪还有如今的柳暗花明？

冒险，赌博，往往总是在最后一刻才能分出谁是输家！

把控好负债率

关于负债率，我们来给大家做一个有趣的比较。2006年，有一项关于负债率的比较是这样的：作为国内房地产行业老大的万科，一直为自己能够保持54%左右的资产负债率而骄傲，因为国内房地产企业的平均负债水平高达74%，但和黄的这个财务数字很少超过30%。你说谁是透支严重患者，谁是"亚健康患者"，谁是"绝对健康者"呢？

的确，李嘉诚自己也毫不含糊地表示："现金流、公司负债的百分比是我一贯最注重的环节，是任何公司的重要健康指标。在开拓业务方面，保持现金储备多于负债，要求收入与支出平衡，甚至要有盈利，我所求的是在稳健与进取中取得平衡。"这便是稳中求进最为真实的写照。

最为明显的例子便是李嘉诚应对1997年的金融风暴。

1996年，香港经济再度上扬，房价和股市都走出了波澜壮阔的大行情，长实的流动资产净值大幅增长，长期负债却保持着原有的线性增长速度，从而在1997年下半年亚洲金融危机爆发时，流动资产仍然大于全部负债，非流动资产的比例更高达85%以上，资产负债率仅保持在12%（注意：是12%）左右。

事实上，并不是所有人都对负债率有着一个清晰的认识。在令人记忆犹新的繁荣期，负债率并不是一个受宠的指标，那时负债率过低，还容易被斥为杠杆用得不够充分，过于保守。如今，面对着铺天盖地而来的金融危机，我们才发现原来李嘉诚的话有多对。

他说，因为成功的效果是100%或50%之差别根本不是太重要，但是如果一小漏洞不及早修补，可能带给企业极大损害，负债率也是如此。赚多赚少是次要的，因为没有极限，但赔多赔少则是板上钉钉的，赔多少，元气就会损害多少。只有那些懂得节制的，那些没有过分挥霍金融资源的企业才可能赢得下一轮机会。而不是一次性被榨干，没有翻本的机会。

著名经济学家郎咸平评价道："我们上市公司的资本负债率是多少？100%~300%，资产负债是50%~70%。你看看以李嘉诚为首的香港四大天王，他们的资本负债率是20%，难道李嘉诚借不到钱吗？不可能，我们借不到钱是真的，那为什么人家负债率这么低？因为他们经历过大萧条，随时随地保持大量现金流，随时随地保持最低负债，以立于不败之地。一个真正的企业家不是能赚到多少钱，而是在大萧条的时候能够赚到钱。"

我们从李嘉诚的身上得到的启发是深刻的。李嘉诚在创业伊始便遭遇负债问题，这让他在以后的无数商战中都引以为戒，尽可能不向他人借钱。哪怕是在他首次踏足地产业，他也依然保持了稳健的作风，以物业收租，而不是捞一把黄金地产。香港四大天王不约而同地把自己的负债率控制到最低，绝对不是毫无根据的。这似乎给我们一条近路可寻，那就是，模仿成功人士，然后自己也会接近成功人士。

相反，在企业扩张的同时，如果不对自身负债率进行控制的话，后果常常会很严重。尤其是在金融危机袭来之时。

1997年八佰伴国际集团宣布破产。闻名于日本乃至世界的八佰伴集团发展历史曲折艰辛，充满传奇，它的创始人阿信之子——和田一夫，将八佰伴从一个乡村菜店开始，一步步发展为日本零售业的巨头。在全盛期，八佰伴拥有员工近3万人，在世界上16个国家和地区拥有450家超市和百货店，年销售额达5000多亿日元。八佰伴破产，正值亚洲国家地区受金融风暴冲击，经济向下调整时期，虽然有种种外部不利因素导致八佰伴经营的失败。然而主要的原因却是八佰伴扩张速度过快，负债过高。据香港八佰伴的年报资料，在1988年八佰伴应付贸易欠账只有300多万元，不足1%的营业额。但到1997年，八佰伴拖欠的应付贸易账，已增至近5.5亿港元，相当于营业额的13.5%，总负债更高达10.24亿港元。最终八佰伴不堪重负，无奈以破产结尾。

巴菲特说：一些人觉得巨额的债务能够让公司经理人更专注于经营，就像一位驾驶员驾驶着一辆轮胎上插着一只匕首的危险车一样，我们都相信这位驾驶员一定会小心翼翼地开车。但是有一点我们不能忽视，那就是这样的车子本身危险性就很大，一旦车子碰到一个小坑就很有可能造成致命的车祸。而在商业这条大道上，到处都是坑坑洼洼，想要驾驶着这样一辆车顺利避开所有的坑坑洼洼，实在是太不容易了。

确实，负债经营对于企业来说犹如带刺的玫瑰。如果玫瑰上有非常多的刺，你怎么能够确信自己就能小心得不被刺扎到呢？最好的方法就是，不妨像李嘉诚一样始终保持稳健的财政政策，把负债率控制在尽可能小的范围内。如投资股票那就尽量选择没有刺或者非常少刺的企业，这样我们的胜算才会大一些。

李嘉诚启示录

李嘉诚如是说

扩张中不忘谨慎，谨慎中不忘扩张。

我本身是一个很进取的人，从我从事行业之多便可看得到。不过，我着重的是在进取中不忘稳健，原因是有不少人把积蓄投资于我们公司，我们要对他们负责，故在策略上讲求稳健，但并非不进取，相反在进攻时我们要考虑风险及公司的承担。在开拓业务方面，我要求收入与支出平衡，甚至要有盈利，我讲求的是于稳健与进取中取得平衡。船要行得快，但面对风浪一定要挨得住。

我在做任何项目时，都会要用99%的时间去考虑失败，用1%的时间去考虑收益。

超人链接：打倒"差不多"先生

——李嘉诚在2006年汕头大学毕业典礼上的致辞

尊敬的各位领导、各位嘉宾、各位家长：

今天很高兴地代表各位校董、校领导和老师，欢迎你们到临汕头大学，和毕业的同学们共度重要和难忘的一刻。

我最近重读了胡适先生1924年所写的文章《差不多先生》，"差不多先生"若真有其人，他早应是不在人世。我认为胡先生笔下对中国人夸张的描绘虽不全面但发人深省，然而这家喻户晓的人物，有一双眼睛，但看得不是很清楚；有两只耳朵，但听得不很分明；有脑袋，但缺乏洞察力和没有层次思维的先生却依然活着，而且可能有特强的繁殖力。

现代科学至今还没有找到让人不死的灵丹妙方，何以独见"差不多先生"能成功存活于世？

也许胡适的差不多先生已变异为病毒，通过其散播，感染越来越多人。病毒强烈的僵化力使脑筋本质聪敏的人思想停滞不前，神志昏沉，虚度其既漫无目的也无所期待的庸碌日子。也许他还有发白日梦的本事，但缺乏追求梦想的意志，发酸地堕入无底的借口世界以哄慰自己，种种似是而非的理由还在蔓延，慢慢侵蚀我们的社会、价值观、体系、技术和经济。

当我重读这篇名著时，令我惊骇的不仅是"差不多先生"可怜的愚昧，更糟的是旁人接受如此荒谬的存在方式，还企图自圆开脱，这种扭曲式的浪费行为足以令人哭泣。

医生常常说准确诊断是痊愈的起点，差不多是一种折损人灵魂的病，令人闲散；要知道人的生命光辉需凭仗自我驰骋超越，各位同学，如若你不愿被命运扣上枷锁，你必须谨记，活着是一种参与，你要勇于思考、尊重科学、尊重原则，能感受、有追求、能关心，敢于积极，能经得起考验，骨中有节、心中有慈、心中有爱。

你们都知道我生长在离汕头大学约 45 分钟车程的地方，当年为了战乱，离乡别井的时刻我并不知道命运前景将会如何，我只知道在理性误区中是不可能建造信念或希望；终我一生，我将毫不含糊和不变地活出我精神力量的华彩和我血肉热切之心。

我是绝不会成为"差不多先生"的，你们呢？

谢谢大家。
2006 年 6 月 29 日

第三章　善用政策

——以政策为本，跟着时局风向走

了解时局才能正确投资

有人说"细节决定胜败"，也有人说"执行决定成败"，殊不知，所有的细节都需要有一个正确的方向，如若不然，细节也只能成为浪费时间的凭证，所有的执行都将成为空中楼阁。故而，只有正确决策，才能保证一切的努力是物有所值，只有正确的决策才能让事业插上翅膀，从而更好更快地走向成功。

那么，如何才能有正确的决策呢？答案很简单，那就是了解时局，了解当下的局势，深入分析，从而得出自己精当的判断。一个成功者，绝对不会凭借别人的态度而行事，同样，也绝不会在没有看清局势之前妄下论断。只有用自己的政治思维思考，整合当前混杂的资料，才能及时对时局以及各种社会关系做出有效、及时的判断，从而不走弯路，在第一时间拿下赢的资本。

在李嘉诚的一生中，绝大多数决策都与时局有关。即便有所变动，也是因为一些不可逆转的原因，并非李嘉诚判断失误。首先来看李嘉诚的一句话："20世纪80年代时中东国家和美国有分歧，石油供应紧张，加拿大有石油，政治环境相当稳定，就趁赫斯基亏蚀的时候把它买过来。"从中你能得到什么信息呢？很明显，是时局。如果没有供应紧张这一特定因素，如果没有加拿大政治环境相对稳定这一前提，相信李嘉诚不会贸然做这样一个看似输定的决策，便也不会有22年后的满树开花、满堂彩了。

20世纪60年代，香港局势不稳，许多人纷纷降价抛售物业，远走他乡，香港房地产市场一下子变成了"一块臭肉"。李嘉诚却不以为然，对于时局他有着自己清醒的分析和判断，香港的动荡只是暂时的，多数人不过杞人忧天而已。于是，李嘉诚人弃我取，到20世纪70年代，香港快速复兴，地价飞涨，李嘉诚一跃从一个小地产商迅速变成了香港地产界的大亨。

很多成功者都有着相仿的经历，李嘉诚也不例外。翻看对比录我们便能发现，纽约地产大亨唐纳德·特朗普与李嘉诚的崛起简直是惊人的相似。

对时局的冷静分析力和敏锐洞察力，这对于世界上任何一个投资人而言都是至关重要的。

20世纪70年代，纽约很多银行倒闭，很多房地产商人都在恐惧："如果纽约这个都市没落，我要如何保住现有的一切？"当时还是纽约一位普通的投资人的特朗普却不以为然，而是问自己："当大家都为目前的情况忧心忡忡时，我要如何做，才能致富呢？"于是，他立刻抓住了重大的投资机会，不仅不死守，反而进行大规模扩张，终于一举成为赫赫有名的纽约地产大亨。正是因为特朗普对于时局的正确判断，所以他才能敏锐抓住契机发展，并最终获得成功。

同特普朗一样，李嘉诚正是因为有着对于局势的清醒认识，才没有让他跟其他小地产商一样选择离开，而是抓住时机，一举巩固并加强了自己的实力。如果没有对时局的清醒认识，相信他必难以在如此短的时间内便跻身地产大亨行列。

德鲁克在《卓有成效的管理者》中说道：管理者在决策时必须先从是非标准出发，千万不能一开始就混淆不清。德鲁克认为，对一个决策方案来说，首先应要求它是正确的，也就是说，它可以实现决策目标，如果它不能实现决策目标，那么它就是错误的。

而要想获得正确的决策方案，就必须做好决策形势的分析工作。决策形势是指决策面临的时空状态，也就是我们平常所说的局势或者环境。一个决策是否正确，能否顺利实施，它的影响和效果如何，这不仅取决于决策者本身，同时还直接取决于决策情势，受到一系列自然环境和社会环境的制约。

1944年，盟军准备开辟第二战场。以艾森豪威尔为总司令的盟国远征军司令部，经过缜密的研究，制定了在诺曼底登陆的"D日计划"，并决定于6月5日实施。希特勒也意识到了盟军将要在英吉利海峡东南岸登陆，但由于情报工作不力，他无法确定盟军将要在英吉利海峡最窄的加莱附近登陆，还是要在诺曼底地区登陆。因此他把兵力平分在加莱地区和诺曼底地区。

可见，这种情况对盟军是十分有利的，也就是说盟军司令部的决策是正确的。但是进入6月份后，决策情势的突变，即连日的暴风雨，却差点儿使盟军的登陆计划告吹。面对连日的暴风雨，盟军司令部有关专家认真地分析了气象资料，预测到在暴风雨的间隙中，即6月6日英吉利海峡将会出现一段好天气后，毅然于6月4日晚21时45分下令决定："D日计划"改在6月6日执行。

而与此同时，德军却错误地做出了另一个判断，他们认为，英吉利海峡气候将持续恶劣。因此德军最高统帅部做出了由于天气恶劣，盟军不会实施登陆作战的错误决策。于是军官休假了，海上与空中的侦察取消，负责守卫诺曼底地区的隆美尔元帅也于6月5日晨回柏林晋见希特勒，整个德军处于毫无戒备的状态。

结果，6月6日凌晨2时，盟军三个伞兵师空降到德军防线后方，接着展开大规模海、陆、空协同进攻。凌晨6时30分，诺曼底登陆成功取得胜利。

通过以上案例，我们不难看出，盟军正是由于正确分析并充分利用了决策情势，才取得了诺曼底登陆的最终成功，而德军也正是由于对决策情势的错误估计而导致了反登陆作战的惨败。

可见，全面分析局势和环境对正确决策是极其重要的。曾国藩说，时势能造英雄。确实，商场如战场，对政治局势的正确判断有时关乎着企业的生死。因此，为了提高决策的科学性，就必须要了解研究和重视时局在决策活动中的作用，最大限度地提高决策的安全系数。

正如某评论家所指出的，作为企业家，要了解宏观大势，把握经济发展方向制定公司的发展战略。只有洞悉时局，深刻理解并把握市场，才能描绘出公司未来的宏伟蓝图。这样的决策，稍有不慎，即可导致全军覆没，公司多年努力的心血将付之一旦。在这一点上，李嘉诚有着精到的眼光，经历数次时局之混乱动荡而能数十年不倒，且逆风而上，连创佳绩，堪称投资界善于洞察和借势的榜样。

以善举赢得刮目相看：办好事，好办事

2007年3月19日，国家民政部救灾救济司庞陈敏副司长现场揭晓了2006年度"中华慈善奖"获奖名单，长期致力于慈善事业的著名企业家李嘉诚荣获了"中华慈善奖终身荣誉奖"，多家报纸和网站竞相报道了这个盛况。这是一个不凡的称誉，能获得这个称誉自然与李嘉诚长期致力于慈善事业有绝对的关联，不过我们不妨从侧面观察。

目前中国不乏富豪，并且众家富豪的表现往往不如人意，甚至有人追求"必须把自己的金钱力量显露得明明白白"，实在让人大跌眼镜。由于缺少富豪慈善家，缺少人性光辉，政府据此也通过各种方式进行鼓励，比如像"感动中国""中华慈善"等大型活动的评选。无疑，李嘉诚是中国富豪的一个杰出代表，他无私、慷慨的善举，最好地诠释了人们该怎样对待财富和慈善。社会需要找到一个可以治疗"慈善冷漠病"的代言人，而李嘉诚给人眼前一亮，令社会也令政府刮目相看。这毫无疑问是一个极为正面的形象。从此，李嘉诚所做的一系列举措将会少很多麻烦。

2009年，某网站刊文《李嘉诚的惊人善举，让谁脸红》，报道的第一段内容是这样写的：

民政部社会福利和慈善事业促进司、中民慈善捐助信息中心7月30日在京共同发布《2009年上半年全国慈善捐赠情况分析报告》，报告显示，上半年我国内地共接收来自外国、国际组织和港澳台地区、华人华侨的境外捐赠共计40.8亿元，占全国接收捐赠总额的31.1%。香港首富李嘉诚亦以20亿元人民币的捐赠额名列第一。

中华慈善总会曾经有一个统计数字，中国大陆富豪对慈善事业的捐赠不足总捐赠款的15%，而他们拥有的社会财富却在80%以上。2005年，中国慈善榜排名前136位的慈善家一年总共捐款不到10亿元人民币。而从李嘉诚2007年、2009年单人入账及入账总数额便能明显看出，榜样的力量是无穷的。

从上面这些报道，李嘉诚的号召力可见一斑。在中国，李嘉诚已经成为企业慈善家的代言人。这样的正面形象对于李嘉诚来说，也是他事业上的一个促动因素，比如像"东方广场"之类的项目，与政府有关部门沟通起来就降低了不少难度。这也可谓是无心插柳柳成荫。

当然，办好事的初衷并不是为了好办事，但显然善举总能为一个商人赢得更宽阔的投资空间，这一点不能不说李嘉诚无论是在经商上还是在做人上确实有其独到之处。

用实力说话，争取发展权

在任何时候，用实力说话都是金科玉律。20多岁的年轻人都想在年轻的时候有所成就，有所收获。年轻人若想成就大事就不能怕冒风险，因为越大的风险越能带来大的收益。但是如果你想赢，就不能只靠运气，你能靠的只有自己。这就如同李云龙的"亮剑"精神，如果只有吹牛的"实力"，怕是上阵也不过剑封鞘中，毫无实际的威力。

李嘉诚的许多大手笔都得力于他的雄厚的实力,东方广场的建设就是一个很好的例子。李嘉诚曾经说过:"即使本来有一百的力量足以成事,但我要储足二百的力量去攻,而不是随便去赌一赌。"他所说的力量也就是实力,只有你拥有了足够的实力,才可以去"碰碰运气"。如果实力不够,光想靠运气成事,那成功的概率就微乎其微了。

用实力说话。无独有偶,这样的例子不仅限于商界,现实生活里的许多领域也都不时会有类似的案例存在。

曾在媒体轰动一时的"无手车王"何跃林,在云南昆明汽车越野赛正常赛事中获得冠军。人们禁不住要问:一个连手都没有的人,何以驾车?就更不用说当"车王"了。但是正是这个9岁时双手掌被炸飞的何跃林,以超越亚军3秒的成绩,最终摘取了冠军奖杯。不得不提的是,这并不是一场残疾人比赛,除何跃林外全部选手都是健全人,而他是经特批的唯一一位参赛的残疾人。而赛后何跃林一句看似淡然的话,让人感触深刻:"靠实力说话。"

的确如此,无论是做最好的企业家,做最好的赛车手,还是做最出色的球员,都要求你拥有最好的思想,进行最好的实践,用最有效的做事方法,追求高品质、高效率。因为只有这样,你才能有竞争力,你才有打败你的竞争对手的可能。

在NBA球星里,乔丹无疑是最耀眼的一颗。他的每一场球,都在争取发挥出自己的最佳实力,打出最漂亮的球。乔丹是一个全能球员,场上5个攻防位置都能打,而且能示范多种高明的打法。他练就了最精彩的动作:从三分线外飞身跃起,高举着球,在众人仰视中,划过一道美丽的弧线,扑近篮筐扣篮,或者空中旋转360度反身灌篮,使所有在场的球迷如痴如狂。而他的三分球命中率达到30%,甚至更高,令对手防不胜防。同时乔丹具备绝佳的弹跳力,他的弹跳力和爆发力简直令人叹为观止。他的制空能力也几乎到了随心所欲的境界。"飞人"乔丹带给球队的,不仅是无与伦比的球技,更包括他对篮球打法的深入了解。

也许乔丹的外在身体素质并不是最被看好的,身高只有

1.98米，体重90公斤，无论怎样看在巨人林立的NBA中，乔丹都不是十分出众的一个。但是，"飞人"用他自己的实力打破了这一切，球场上，一切其实都不重要，唯有实力说明一切。

商场和球场虽然不同，但实力说明一切却是共同的。乔丹是球场上的"王者""飞人"，而李嘉诚则被誉为商界"超人"，凭什么？一句话，凭的是实力。所以无论"飞人"还是"超人"，他们当之无愧。

李嘉诚启示录

李嘉诚如是说

士、农、工、商，应该一视同仁，无论知识分子也好，从事教育、研究科技的专家或工业家也好，企业家或政治家也好，根本都是社会的大结合。

在经济转型过程中，痛苦无可避免，但必须支持港府应变的策略，发展有能力、有基础的事业。

我们应力争上游，制造理想环境让内地和外国继续投资，中国的经济基础、充足的储备和庞大的市场，都是我们的后盾。

中国在过去几百年来，自康熙以后国家一直积弱，原因是不重视工商。很多企业有创意，有好的经营方法，令国家财富与日俱增，对国家贡献绝对不下于士、农、工。

只要祖先都是中国人，我相信90%以上的人都希望中国强大。

祖国是我们强大的后盾，只要国家安定，继续实行改革开放政策，21世纪，将是中国人的世纪。

超人链接：李嘉诚谈自我成功与社会价值

——长江学者奖励计划十周年颁奖典礼致辞

尊敬的刘延东国务委员、尊敬的周济部长、尊敬的各位领导、各位学者专家、各位嘉宾：

早上好！首先我要向获奖的学者们致以深切的祝贺。衷心感谢刘延东国务委员于百忙中出席今次庆典，并对"长江学者奖励计划"给予大力支持；教育部同仁和所有参与这个计划的人士共同付出宝贵心力，令项目取得重大成功，谨此深表由衷敬意。

10年前，教育部邀请我共同成立长江学者奖励计划，当年，这是一项大胆打破制度局限的创举，不仅突破了教研人员薪酬结构僵化及平均主义的局限，更能为国家吸引及稳住人才，配合推动创新和改革的迫切需要。当年我们向世界发出了"珍重人才"的强烈信息。今天，我非常雀跃地向大家说，我们这计划已实现了对国家、对社会的承诺，它所燃起的巨大改变实在超乎预想，在社会上激发了尊重知识、尊重人才的风气，鼓励和开启了整个学术界的热情，展现出无尽的光芒。各位学者，全因为你们竭尽一切努力，令这个计划犹如一部发动机，为探索新的发明、新的可能性提供动力，拓展了全国大学和科研机构的新科学领域。

很多人常常问我，你一生努力建立一个成功的企业，为股东和公司属员创造价值，现在你又为何如此专注贡献于公益事业？处身现今流行的社会资本和社会企业的滔滔理论中，我的答案却很简单，在我脑海中有连串问题，如果把人类历史中兴衰递变的一切得失，细列在资产负债表上，最真实和公平的观点会是什么？在一个变幻莫测的社会中，老定律已非必然，那么我们历久常新的价值观在哪里？在一个丰裕和竞争激烈的社会，当争取个人成就的欲望是如此强烈，谁又会领会为社会和谐付出心思与诚意的呼吁？在一个官僚和公式化令想象力流于匮乏的世界，多元的科学和哲理经验与情操如何能成为一个人生命的重要元素？

在现实社会中，观念和价值制度充斥着互不融合和相互矛盾，我不认为能有单一的良方，可达至真正的社会和谐，但我深信其中一个关键，是我们每一个人的"至诚"，当我们在建立自我成功的同时，永远不要忘记追求无我，常常抱着为民族和人类做出贡献的良愿，当有能力及有意愿对社会竭尽一己之责，我们必能创出希望和有效的变革，打造一个真正公平、公正，充满自由动力和快乐和谐的社会，这是我个人的追求，我知道这也是你们的追求，愿与大家共勉。谢谢大家。

2008 年 12 月 5 日

第四章　眼光长远

——要高瞻远瞩，才能事业长久

锐眼识金，商机遍地都是

塑胶花让李嘉诚赢得了人生中的第一桶金，成为一个商界神话——从路边捡了一个信息，便成就了一代"花王"。在这个世界上，商机遍地都是，只要你能锐眼识金，那么下一个"王"者也许就是你了！

向来以精明著称的温商，就有着这样一双善于发现的"火眼金睛"。据说温商往大街上一站，用鼻子闻一闻，就能嗅出哪儿有赚钱的机会。这当然是夸张。不过，他们的眼睛倒是实实在在地有"针"。无论盯着什么，温商都能从中刺探出商机，挑出白花花的银子来。温商天生对商业敏感。比如听说上海的一家酒店要转让，他也会连忙跑去看看，"说不定能发现什么机会"。这就是他们的思维方式。成都市一位副市长是这样评价温州商人的：他们独具慧眼，总能发现商机。他以四川省经济发展较为落后的广元地区为例，来说明温商善于在别人忽视的地方看到将来发展的远景。早在20世纪80年代已有温商在广元地区创业，经过多年的努力，坚持至今，所创建的"温州商城"已成为广元市最漂亮繁华的景观。地处广元两侧的成都和西安，从来没有人看到广元的发展潜力，然而相比之下，温商却像发现了金矿一般发现了广元的潜力，并在此立住了根，做红了生意。

在李嘉诚的创业之初的那个时代，由于信息的寡劣所造成的劣势，几乎是谁勤奋谁就有可能捡个金元宝。然而在当今的信息时代，遍地都是信息，也就意味着遍地都是商机，然而并不是说你掌握了足够多的信息，就能随随便便发现商机。事实上，你必须同时具备一双慧眼，能够识其珍宝，才是真正掌握商机。

正是由于全身心投入商业实践，在商海中沉浮多年，李嘉诚和温州的很多商人一样，都具备这样一双透析市场、洞察风云、识别商机的"火眼"。在风云变幻的商海中，也有许多像李嘉诚和温商一样的商人，他们能在广阔的天地里搜罗信息，发现其中蕴藏的机会，并且不会盲目，能够以更客观的视角来面对市场，更好地应对激烈的市场竞争。

我们常常说，商机决定成败，其实还有一点，仅仅有商机是不够的，还要有把握商机的实力。这一点在李嘉诚一生的无数次商业抉择中体现得淋漓尽致，就像发现塑胶花、涉足地产、介入石油、踏足电讯、买下盐田港、大举进军世界港口货运业，等等，在一次次众人看得有些心惊肉跳的商业投资中，李嘉诚总是能冷静果断地做出抉择，似乎他天生就有着高瞻远瞩、深谋远虑的能力。

李嘉诚的卓绝眼光正在这里。面对每一次商机，他都要细致大胆地计划，然后雷厉风行，抓住一次机遇，也就是抓住一次腾飞的坚翼。

同时，在客观环境中发现机会的李嘉诚，往往并不急于即刻实现所有计划，而是眼光长远地计划好了之后的一系列举措。李嘉诚善于从经济发展中寻求原因，善于充分利用发现的"天机"，善于聚拢实现商机的长远力量，真正达到了锐眼识金，高瞻远瞩，遍地商机遍地捡、捡来即能用的一流经商境界。

充满商业细胞的人可随处赚钱

细胞与细胞也有不同，你听说过吗？掉进钱眼儿里，你听说过吗？李嘉诚的话不由让人一乐："精明的商家可以将商业意识渗透到生活的每一件事中去，甚至是一举手一投足。充满商业细胞的商人，赚钱可以是无处不在、无时不在。""随时留意身边有无生意可做，才会抓住时机，着手越快越好。遇到不寻常的事发生时立即想到赚钱，这是生意人应该具备的素质。"也许很多人看了这句话会说，"难怪我们赚不了大钱，原来是没商业细胞啊"，就此打住。

李嘉诚口中的商业细胞无疑是一种比喻，其实说到底，是一种商业意识和商业敏感度，甚至可以说是一种商业大脑。这并不是天生的，而是后天形成的，甚至可以说是一种彼此影响造成的。充满商业细胞的人一定是善于发现的，一定是善于思考，眼光长远的，也一定是灵活的。也因此，随处赚钱便是一种顺其自然的规律了。

20世纪70年代末，李嘉诚预见到旅游业将成为热门行业，一流的宾馆将会有很高的出租率，于是拿定主意，以迅雷不及掩耳之势，收购了拥有美国资本的永高有限公司的56%的股权，随后又收购了其他股东的股权。永高公司的主要产业是位于香港中区的有800个房间的希尔顿大饭店。

李嘉诚解释说，"我当时估计，全香港的酒店，在两三年内租金会直线上扬。我只算它香港希尔顿的资产，就已经值得我跟它买。这就是决定性的数据，让这家公司在我手里"。李嘉诚接收饭店之后，正赶上香港旅游业有史以来的黄金时代，果然大赚一笔，为他下一步与英资集团竞争创造了条件。

随处都可赚钱，这真是一件可怕的事情，因为你不晓得何时事情萌芽，别人已经上手了。这就是眼光长远的力量，如果李嘉诚未能考虑到希尔顿收购之后的事情，他很可能会为买整家而踌躇一番。那么，很可能就会有其他人捷足先登。李嘉诚用他的商业细胞精确地在第一时间内得出了准确的评断，这是他制胜的绝对关键。

处处有商机，而财富也总是钟情于那些具备敏锐商业细胞的人。具备了这样的一种素质，即使捡垃圾也可以成就一位千万富翁。

1980年夏天的一个早晨，一个17岁的少年离开老家安徽桐城县，带着父亲给的5元钱，去长沙姑母家。姑母家也很拮据，少年只得想法挣钱。姑母借来一个冰棒箱，少年天天去卖冰棒，收入甚微，少年并不甘心。一天，他看见一个小男孩在垃圾桶里不停地翻捡，心里一动：我也试试去捡垃圾如何？他拉住小男孩打听，知道了许多捡垃圾的事宜。他离开姑母家，和捡垃圾的人一起住到了长沙市郊。开头的屈辱是难免的，人人都是这么过来的，慢慢就不觉得怎么样了。他每天早晨出去，晚上回来就有了一些钱。捡了一年，他有了经验，也看出了门道。垃圾在收购者那里转了一手，如果避开这些二道贩子，直接送到工厂，收益会更大。看了这步棋，他决定自己收购垃圾。效益马上上升，月收入由几百元上升到几千元。干了一年，他又看出了新的门道。他将捡垃圾的人组织起来，50个人一组，如金属组、塑料组、玻璃组等。他成了"垃圾头儿"。几年后，他又看出了新的门道。他把当废铁卖的旧自行车集中起来，搞起了自行车翻新的业务，还搞起了废旧轮胎的翻新业务和铝合金加工业。这些加工业逐渐发展壮大，到1993年，他捡垃圾的第13个年头，他拥有了自己的3个工厂，资产达数百万元。他又看出了下一步棋。他感受到城市环保的重要性，他决定从白色污染着手。他花了两年时间考察，先后去了日本、德国、新加坡、马来西亚等地，最后选择了日本的先进设备，于1999年6月，投资1300多万元，建起了长沙环保塑化炼油厂。与此同时，他又从治理"黑色污染"着手，成立了环保橡胶制粉厂。产品用于铺设柏油路，防滑防冻，销路很好。2000年7月，他又投资了新的项目——综合性无害化焚烧医疗垃圾处理厂。这时，当年那个受人歧视的捡垃圾少年已经成了长沙市家喻户晓的"垃圾大王"。他又看出了下一步棋，要搞废旧家电的回收再利用。他说，从环保的角度讲，每生产一件新的家电，就意味着将有一件废旧家电被利用。无论任何时候，他总能看到远处的一步棋。他的身上遍布独特的商业细胞，使得他善于发现别人看不到的机会，这就是他能在垃圾堆里从小干到大的重要原因。

上面的这个故事告诉我们，充满商业细胞的人可以随处赚钱,这绝对不是一句空话。李嘉诚时代如此,在信息爆炸的今天更是如此,每天都会有各种各样的信息扑面而来,但只有像李嘉诚一样,有着出色商业细胞的人才能在第一时间捕捉住这稍瞬即逝的有效信息,从而获得长足的发展。

眼光独到,先人一步

在商界,李嘉诚多年来早已以他敏锐独到的眼光和迅疾果断的作风而著称商场。纵观其一生,许多大手笔之作都是从最初力排障碍难题开始:生产塑胶花如此,后来上盖地铁如此,希尔顿酒店如此,投资货运港口亦如此,李嘉诚总善于将商机感迅速成功地转化为行动,先声夺人。

现实生活中,像李嘉诚一样雷厉风行的人往往容易成功,因为他们往往能够达到眼光独到,心念一闪即行动的境界。在财富即将到来之际迅速抉择的人,才能抓住致富的先机。只要你善于发现隐藏在我们看似普通的生活里的商机,善于把握,成功其实也就一步之遥。

下面的这则故事就是一个很好的例子。

金娜娇,京都龙衣凤裙集团公司总经理,下辖9个实力雄厚的企业,总资产已超过亿元。她的传奇人生在于她由一名曾经遁入空门、卧于青灯古佛之旁、皈依释家的尼姑而涉足商界。也许正是这种独特的经历,才使她能从中国传统古典中寻找到契机;又是她那种"打破砂锅"、孜孜追求的精神才使她抓住了一次又一次的人生机遇。

1991年9月,金娜娇代表新街服装集团公司在上海举行了隆重的新闻发布会,在到南昌的回程列车上,她获得了一条不可多得的信息。在和同车厢乘客的闲聊中,金娜娇无意间得知清朝末年一位员外的夫人有一身衣裙,分别用白色和天蓝色真丝缝制,白色上衣绣了100条大小不同、形态各异的金龙,长裙上绣了100只色彩绚烂、展翅欲飞的凤凰,被称为"龙衣凤裙"。金娜娇听后欣喜若狂,一打听,得知员外夫人依然健在,那套龙衣凤裙仍珍藏在身边。虚心求教一番后，金娜娇得到了"员外夫人"的详细地址。

这个意外的消息对一般人而言，顶多不过是茶余饭后的谈资罢了，有谁会想到那件旧衣服还有多大的价值呢？知道那件"龙衣凤裙"的人肯定很多很多，但究竟为什么只有金娜娇就与之有缘呢？用上帝偏爱金娜娇来解释显然没有道理，重要的在于她"懂行"，在于她对服装的潜心研究，在于她对服装新品种的渴求，在于她能够立刻付诸行动。

金娜娇得到这条信息后心更亮了，她马上改变返程的主意，马不停蹄地找到那位近百岁的员外夫人。作为时装专家，当金娜娇看到那套色泽艳丽、精工绣制的龙衣凤裙时，也被惊呆了。她敏锐地感觉到这种款式的服装大有潜力可挖。

于是，金娜娇来了个"海底捞月"，毫不犹豫地以5万元的高价买下这套稀世罕见的衣裙。机会抓到了一半，把机遇变为现实的关键在于开发出新式服装。一到厂里，她立即选取上等丝绸面料，聘请苏绣、湘绣工人，在那套龙衣凤裙的款式上融进现代时装的风韵，功夫不负有心人，历时一年，设计试制成了当代的龙衣凤裙。

在广交会的时装展览会上，"龙衣凤裙"一炮打响，国内外客商潮水般涌来订货，订货额高达1亿元。就这样，金娜娇从"海底"捞起一轮"月亮"，她成功了！从中国古典服装开发出现代新型式服装，金娜娇靠着一双火眼金睛，最终把一个"道听途说"的消息变成了一个广阔的市场。这不能不让我们想起当年李嘉诚发现塑胶花的经过，两人如出一辙。

眼光独到，先声夺人。李嘉诚就是靠着他敏锐、独到的眼光，最终打开了一个商业帝国的大门。人们常说，生物界有两样东西几乎锐不可当，一个是鹰隼的锐利眼睛，一个是豹子的闪电速度。而这两样似乎恰恰可以用来比喻李嘉诚的投资风格。

火眼金睛，冷门变热门

在会赚钱的人眼里，永远没有"冷门""热门"之分，只有把它看"热"还是看"冷"之分。三百六十行，行行出状元。三百六十行里并非行行都是"热门"，但是在眼睛"毒"的人眼里，再"冷"的行业也能淘出"真金"。只要你练就一双善于发现商机的"火眼金睛"，遍地将都是黄金。

在李嘉诚看来，预测才是最重要的。当年，所有人都认为地产不过是一块小田时，李嘉诚却义无反顾地进军，结果地产大热，人人蜂拥而至，挤得热火朝天。李嘉诚说，聪明的商人嗅觉灵敏，能及时嗅出哪儿有赚钱的机会。

有些人做生意总挑热门、焦点，觉得只有这样才能挖到黄金。毋庸置疑，能够引起大多数人的关注，本身就说明了它的吸引力和无限商机。但是真正有能力会赚钱的人会"避热就冷"，在"冷门"里创富，挖别人挖不到的金子，出奇才能制胜。

许爱东就是这样一个从"冷门"里挖出黄金的人。她曾经是银行职员，现在是经营1400家竹炭商店的老板。

靠竹炭致富还要从她一次生病说起。几年前，许爱东的风湿病犯了，最严重的时候连胳膊都抬不起来。一个朋友送给她一床竹炭床垫和几个炭包，说能治好她的病。用了之后，病果然好了。

许爱东对竹炭产生了浓厚的兴趣，敏锐地感觉到这是个巨大商机。她到朋友所在城市考察后发现，竹炭货源充足，却没有一家专卖竹炭的商店，全国也是如此。这更坚定了许爱东做竹炭生意的信心。她的想法却遭到了家人的反对：这是十足的冷门，全国都没人做，你为什么要蹚浑水？因为看准了商机，所以许爱东还是下决心做下去。2002年3月全国第一家名为"卖炭翁"的竹炭专营店在杭州开业。

刚开始生意惨淡，顾客虽然觉得新鲜，但看的多买的少。一段时间后，许爱东有些支撑不住了，但依然看好竹炭市场前景，她决定改变思路，重选店址。之后她就在杭州著名的商业文化街河坊街租了房。不幸的是，"非典"恰好来临，又是一片萧条。许爱东又面临朋友的质疑和家人的阻挠，但她还是坚持了下来。果不其然，在抵抗住"非典"的肆虐后，营业的第一天收入就超过3000元，比以前一个月的收入还多。这更坚定了许爱东继续做下去的决心。

随着竹炭生意越来越好，她已不满足于在家乡开店，许爱东要把自己的竹炭事业发展到全国。2003年8月，她在湖南开设分店。三个月后，她在全国已有100家分店。2004年，她又开办了竹炭加工厂，扩大产品深加工和一体化作业。现在她的事业已遍布全国，一个曾经无人知晓的冷门，被她做成了大生意。

冷门生意最好做也最赚钱。只要有市场，就有赚钱的机遇。冷门之所以被定义为冷，是因为很多人先入为主：别人说它冷，我也觉得冷，很多赚钱的机遇就这样悄悄溜走。如果许爱东当初也像其他人一样对竹炭熟视无睹，面对家人的阻止没有继续坚持而是选择放弃，就不会有现在的成绩和发展。她可能依然是一名普通的银行职员，过着朝九晚五的生活。

"冷门"的发掘是视野的拓展，也是灵敏的商业嗅觉使然。李嘉诚的成功在于他能够细心观察身边的每一个领域，他明白市场决定生意，生意决定财富的道理。冷与不冷不在主观而在市场。那些能从"冷"处着手，钻"冷门"的人，才可能挖到更大的宝藏。生意场上"冷门"并不怕，它只是戴了面具的财富，谁能让它显真容，谁就会获得财富。

薄利多销，抢占市场

俗话说："三分毛利吃饱饭，七分毛利饿死人。"利润微薄，价格较低，就容易在竞争中占优势，吸引顾客，实现"薄利—多销—赚钱"的目的。反之，想一口吃成个大胖子，往往导致生意萧条，产品滞销。

靠薄利迅速占领市场，很多时候会成为产品或企业立足的无敌法宝。我们今天在超市商场经常看到的新品上市促销的壮观场面，其实也是这一法则的运作。20世纪50年代，创业之初的李嘉诚可谓深谙此道。

1957年10月上旬，就在李嘉诚和他的长江厂为"塑胶花总进攻日"紧锣密鼓的准备时，李嘉诚突然得到一个信息：当时香港最有名气的英资百货公司——莲卡佛国际有限公司，签售了一批意大利塑胶花，预计近期上市。这对于李嘉诚来说无疑是一个坏消息，但他没有惊慌失措，反而当即做出决定，在香港提前进行盛大展销。同时李嘉诚做出了一个清晰的营销战略，价格取胜。他很清楚，意大利塑胶花名贵，走的必然是高档路线，价格昂贵，许多人可能也就是望而兴叹而已，反而是"物美价廉"更容易短期内在香港立足。在成本进行详细预算后，确定了"低价位，多销点"的策略。李嘉诚的大胆无须我们怀疑，事实证明一切，长江的塑料花短期内打开了香港市场，由此实现了李嘉诚事业的第一次飞跃。

在经商法则中，薄利多销从来不是秘密武器，却是最有力的武器。对此，宏基集团董事长施振荣从小就有深刻的体会。

施振荣3岁丧父。为了谋生，他曾经帮着妈妈在店里同时卖鸭蛋和文具。鸭蛋3元1斤，只能赚3角，差不多是10%的利润，而且容易变质，没有及时卖出就会坏掉，造成经济上的损失。文具的利润高，做10元的生意至少可以赚4元，利润超过40%，而且文具摆着不会坏。看起来卖文具比卖鸭蛋好，但是，施振荣讲述经验时说，卖鸭蛋远比卖文具赚得多。鸭蛋利润薄，但最多两天就周转一次；文具利润高，但有时半年一年都卖不掉，不但积压成本，利润更早被利息吃光。

施振荣后来将卖鸭蛋的经验运用到宏基，建立了薄利多销的模式，即产品售价定得比同行低。虽然利润低，但客户量增加，资金周转快，库存少，经营成本大为降低，实际获利大于同业。

商家以赚取利润为目的，但老百姓是要过日子的，自然要精打细算，所以大多数的顾客都有一种心理，即功能相同或相近的产品，价格不同时，趋向于购买价格低的。这种购买心理也决定了谁能给顾客更大的实惠，谁就能获得更多的财富。世界最大的零售企业沃尔玛也深谙这一道理，它从一成立就确立了"天天平价"的经营策略，依靠这一最有力的武器，不仅把老资格的全美前十大零售商全部打败甚至淘汰，而且与它同时代成立的竞争对手如凯马特，盈利模式与它相仿，也被它远远甩在身后。可见，薄利多销所带来的人气和效益，是非常惊人的。

诚然，要闯市场、拓销路，单靠低价是不行的，产品质量、企业信誉、售后服务、宣传力度、营销方式等因素同样都很重要。但不可否认的是，同样的产品，谁卖得便宜，谁就卖得多，也就比较有可能立足。价格战是当前形势下一种很重要的竞争手段。问题在于，并不是所有人都适合打价格战，因此，经济实力相对较弱的商人在产品降价之前总要左思右想，不敢轻易用低价位向市场上的竞争对手挑衅。能不能降价，能降价多少才不至于影响企业自身的发展，是一个重要的问题，对此准备不足，就会适得其反。

一般说来，在以下情况中使用薄利多销原则较为妥当：

同类型产品多，竞争激烈时，采用薄利多销策略，既争夺同类产品的顾客，也促进本企业产品市场占有率的提高。

新产品试销阶段，以薄利多销方式尽快使产品进入市场，扩大影响，提高知名度与应用频率，建立市场信誉和威信。

产品被消费者所淘汰，以多销微利保本为原则，将企业损失降到最低限度，争取时间，开发出新产品。

产品有生命力，但销售处于低谷时，采用薄利多销策略提高顾客的购买欲，以刺激产供销环节的周转，挖掘产品的潜在效能，使企业立于不败之地。

事实上，不论哪种营销手段，都要结合诸多因素考虑，所谓天时地利人和不可或缺。纵观李嘉诚的一生，其实从来没有固定僵化的一套理论模式，他总是相时而动，准确判断，果断抉择。这正是他能在商海沉浮，始终立于不败之地的原因所在。

所有人冲进去时及时抽身

"盛极必衰,月盈必亏",一句哲理囊括世间万物。李云经在世时,就曾对李嘉诚说过道家的朴素辩证法。李嘉诚有心,一直实践至今。后来,他在长江商学院的一次课程上说,"当所有人都冲进来时,我们跑出去,当所有人跑出来都不玩时,我们冲进来,"竟然与"股神"巴菲特的"恐惧贪婪说"有着异曲同工之妙。他所奉行的"人弃我取""及时抽身"策略清楚地表述了如何做才能在危机来临之时选择挺身而出,从而大赚;又如何在很多人跟风之时选择悄然退出,从而不被套牢。

进军房地产堪称李嘉诚及时抽身的绝妙案例。在塑胶花上市之初,李嘉诚的长江可谓前途无量。但是很快地,经过几年的发展李嘉诚便发现,这个市场已经接近饱和,很多跟风小企业不计其数。于是,李嘉诚毅然决定,转投房地产,而不再加投塑胶业。由此我们得到启发,当我们正从事的行业前景注定不妙时,应及时抽身。某著名企业家说过:"高明的枪手,他的收枪动作往往比出枪还快。"李嘉诚懂得这一切,迅速在塑胶行业收手,果断地向地产业投入。

与此相应,当我们扎实地看好一个行业的前景时,就应果断地进入。2009年3月份,李嘉诚认为2009年4月、5月份,中国香港、内地及欧美的出入口将会好转,内地将会是全球经济体系中最快复苏的。因此,在经过2007年、2008年不断收缩投资后,2009年年初他就开始启动不少内地项目。2009年的中国经济也基本印证了他的判断。事实上,没有永远的业务,只有盈利的业务,在该放弃的时候,就应该学会放弃,利用从事前一种业务所积蓄的力量,可以轻松地开展下一个业务。业务不断转移更换,但盈利的中心却不能不变。

事实上,任何一项业务,当它走过自己的成熟阶段后,必将走向衰落。而这个时候如果不进行自我调整,还抱着不放,必将随着该项业务的衰落而走向失败。

2007年5月,全球次级债风波尚未爆发,在所有人都蜂拥冲进股市的时候，李嘉诚却清醒地劝阻，他数次提醒投资者需要谨慎行事。他以少有的严肃口吻提醒A股投资者，要注意泡沫风险。就在李嘉诚讲话的半个月之后，"5·30"行情开始拖累A股一路暴跌。到了2007年8月，"港股直通车"掩盖了美国次贷风暴，他更直指美国经济会波及香港。

当时，李嘉诚被很多记者问为何可以预测。他的回答十分通俗："这是可以从二元对立察看出来的，举个简单的例子，烧水加温，其沸腾程度是相应的，过热的时候自然出现大问题。"

就在2008年，当危机再次来临之时，李嘉诚旗下和记黄埔提出"持赢保泰"策略，冻结全球新投资，只在本行内继续发展。在经济杠杆里，近乎所有的商业投资最后都会步入衰退的阶段。回头一看，我们不能不说，李嘉诚的嗅觉实在是超前而准确。

中国有句古话叫"英雄所见略同"。在投资界与李嘉诚持同样观点的人有很多。

在1987年10月股灾之前，巴菲特几乎把手头上的股票卖掉了，只剩下列入永久持股之列的股票，所以遭受的损失较少。巴菲特认为，当有人肯出远高过股票内在价值的价格，他就会卖出股票。当时，整个股票市场已经到达疯狂的地步，人人争着去买股票，因此，他觉得已经有了卖股票的必要。

巴菲特曾说过：当人们对一些大环境时间的忧虑达到最高点的时候，事实上也就是我们做成交易的时候。恐惧是追赶潮流者的大敌，却是注重基本面的财经分析者的密友。这就像李嘉诚所说的在所有人冲进去时及时抽身一样，确实可以作为投资市场颠扑不破的一条盈利法则。

李嘉诚和巴菲特的投资理论告诉我们，在营业厅很冷清时买进，投资者可轻松自如地挑选便宜好货；而当营业厅挤得水泄不通时，虽然牛气冲天，市场一片大好，人们争相买进，但你一定要果断出手，这样不仅可以卖个好价钱，而且还可以避免高处不胜寒的风险。道理浅显易懂，可是做起来，投资者就未必能步步经营，处处留心。所以，投资者一定要保持对股市的敏感度，也要有自己的客观分析，然后再做出决定。

"在所有人冲进去时及时抽身"，不仅股票投资如此，事实上这句话在任何一个行业都是适用的。及时抽身妙就妙在它展示的是一种长远的眼光，竞争的智慧，一种积极的放弃行为。企业最危险的时候有时不是其亏损的时候，相反可能在其赚钱的时候。及时抽身就是要在赚钱的时候积极放弃，未雨绸缪。这是一种积极的、主动的战略性的撤退和放弃，是为了追求更高的目标而采取的进取姿态，看似守势，实则进攻。及时抽身需要有大气魄，为了远大的目标，不在乎一城一池的得失。

高瞻远瞩才能避免失误

一个成功的企业家，除了要有稳重和务实的性格之外，还要能高瞻远瞩。在地铁竞标中，李嘉诚高瞻远瞩，眼光长远地做策略性决定，不计较一时的得失，从而获得了事业的鼎盛发展。对于看准的机会和目标，他全力以赴、一丝不苟地做好一切准备工作，了解实情、分析问题、解决方案都周密部署，因此，机会自然会垂青他，失误自然会远离他，胜利自然属于他。

高瞻远瞩避免失误从而取得成功的事例不胜枚举，而下面这个例子就是其中颇有代表性的一个。

1981年1月，里根当选美国总统。索罗斯通过对里根政府新政策的分析，确信美国经济将会开始一个新的"盛—衰"序列，他开始果断投资。事实证明了索罗斯的预测是正确的，美国经济在里根新政策的刺激下，"盛—衰"序列的繁荣期已经初现。1982年夏天，贷款利率下降，股票不断上涨，索罗斯的量子基金也从中获得了巨额回报。到1982年年底，量子基金上涨了56.9%，净资产从1.933亿美元猛增至3.028亿美元。至此，索罗斯已逐步从1981年的失败阴影中走出来，大步向前。

随着美国经济的快速发展，美元表现得更加坚挺，美国的贸易逆差也因此急剧攀升，财政预算赤字也在逐年增加，索罗斯预测美国正在走向萧条，一场经济风暴将会对美国经济构成严重威胁。暴风骤雨的时候，正是弄潮儿展示身手的大好时机，索罗斯决定在这场即将到来的风暴中搏击一场，因此，他一直密切关注着政府及其市场的动向，寻觅新的机会。

机会终于来了。随着石油输出国组织的解体，原油价格开始下跌，一向坚挺的美元面临着巨大的贬值压力。因为油价下跌，美国通货膨胀有所回落，相应地，利率也将下降，这也将促使美元贬值。索罗斯预测美国政府将采取措施支持美元贬值。同时，他还预测德国马克和日元即将升值，他决定做一次大胆的尝试。

从1985年9月开始，索罗斯开始做多马克和日元。他先期持有的马克和日元的多头头寸（头寸，是一种市场约定，承诺买卖外汇合约的最初部位，买进外汇合约者是多头，处于盼涨部位；卖出外汇合约为空头，处于盼跌部位。头寸可指投资者拥有或借用的资金数量）达7亿美元，已超过了量子基金的全部价值。由于他坚信他的投资决策是正确的，在先期遭受了一些损失的情况下，索罗斯又大胆增加了将近8亿美元的多头头寸。

这无疑是一场豪赌，只是索罗斯看清了牌局，他每天要做的不是祈祷上帝的保佑，而是依然密切地关注市场和政策动向，守候即将到来的胜利。

到了1985年9月22日，温暖的阳光终于照到了索罗斯的脸庞。美国新任财长詹姆士·贝克和法国、西德、日本、英国的四位财政部部长在纽约的普拉扎宾馆开会，商讨美元贬值问题。会后5国财长签订了《普拉扎协议》，该协议决定通过"更紧密的合作"来"有序地对非美元货币进行估价"。这意味着中央银行必须低估美元价值，迫使美元贬值。这个消息，让索罗斯绷紧的神经终于得以舒缓。

《普拉扎协议》刚刚公布，市场便做出积极回应。美元汇率从239日元降到222.5日元，降幅为4.3%，这一天，美元贬值使索罗斯一夜之间狂赚4000万美元。事情并未结束，接下来的几个星期，美元一路贬值。10月底，美元已跌落13%，1美元兑换205日元。到1986年9月，美元的汇率已经跌到153日元，这个结果足以让索罗斯放声高歌。在这场金融行动中，他前后总计获得将近1.5亿美元的收益，大获成功的量子基金顿时在华尔街声名鹊起。

从1984年到1985年的这一年时间，量子基金已由4.489

亿美元上升到 10.03 亿美元，资产增加了 223.4%。索罗斯的这一业绩，使其个人资产也迅速攀升。据披露，索罗斯在 1985 年的收入达到了 9350 万美元。在世界金融中心华尔街地区收入前 100 名富豪排行榜上，索罗斯名列第二位。

1986 年，索罗斯继续高歌猛进，量子基金的财富增长了 42.1%，达到 15 亿美元。索罗斯本人从公司的收益中获得 2 亿美元的回报，身价倍增。至此，他正式走上神坛，成为华尔街乃至世界各地金融市场茶余饭后谈论的焦点人物。

上面的例子很好地诠释了无论是华人首富李嘉诚还是一样作为大师级的金融理论家索罗斯，他们似乎总是能"不以物喜，不以己悲"，充分享受心旷神怡的悠然自得。李嘉诚的成功得益于许多因素，而他的高瞻远瞩确实很值得我们学习。

李嘉诚启示录

李嘉诚如是说

做生意好的时候不要看得太好，坏的时候不要看得太坏。最重要的是有远见，杀鸡取卵的方式是短视的行为。

我常常讲，一个机械手表，只要其中一个齿轮有一点毛病，你这个表就会停顿。一家公司也是，一个机构只要有一个弱点，就可能失败。了解细节，经常能在事前防御危机的发生。

超人链接：李嘉诚专访

——反思"中国制造"的巨大挑战

已度过自己 80 岁生日的"李超人"谈到了自己对于伟大企业家应具备何种相匹配的人格，以及他对当下经济情况的见解。

以下为采访摘录：

记者：去年国内股市高涨之时，您是为数不多提醒大众投资者需小心的商业领袖。现在您如何看待全球经济前景？

李嘉诚：去年 5 月，我说"自己身为中国人，自然为近期内地股市的情况担心"。后来，上海 A 股市场从当年 10 月的最高点6429点，跌到最近的2700多点。现在我要说，金融企业及宏观经济尚有一段时间会受到困扰，投资经营要更加小心。

美、英及欧洲国家面对的次级按揭贷款危机（注：即国内所谓的次级债）尚未解决，最大问题是信贷。美国地产业会继续下调、疲弱。毕竟美国GDP占全球的30%，如果它的经济不好，会影响到全世界。还有全球的通货膨胀，现在的资源价格都很高，油价、粮价、铁、铜价格都是如此，这个情况对经济也很不利。

不过，香港地产环境较为特殊，因为最大的业主是香港特区政府，它根据市场需求，有计划推出土地，所以香港地产还是稳健的。

记者：外界对您的投资成绩很熟悉，但似乎永远看不懂您为何能够每每做出正确的决断。这是怎样做到的？

李嘉诚：投资任何公司，固然要着眼其眼前的盈利能力，但也要考虑其亏损的可能性。赚钱的理由很容易看到，但亏本的因素未必容易看清，那你应该考虑哪个方面多一点？我经常打的一个比喻，是驾船出海之前想好如果天气突变怎么办，也就是总要思考最坏的情况下，我要怎么应对。我除了用很多时间考虑失败的可能性外，还会反复研究哪些行业对我们是未来的机会，哪些行业风险高，哪些生意今天很好，但10年之后优势不再，哪些今天欠佳，10年之后却风景秀丽。比如石油公司赫斯基，最初大家并不看好，但我却一直很有信心，这是由于我平时对经济、政治、民生、市场供求、技术演变等一切与自己经营行业有关或没有直接关系但具影响的最新、最准确数据及讯息全部都具备所有详细数据，加上公司内拥有内行的专家，当机会来临时我便能迅速做出决定。

过去两年里股市最炽热的时候，有人说如果我们将码头业务出售，可以获得50~60倍的市盈率，我们不是不懂得买卖，但集装箱码头是我们的核心业务，这么多年建起来，不会随便卖掉公司的控股权。

记者："中国制造"正在面临巨大的挑战，对此您有什么建议？

李嘉诚：虽然现在已有反思，世界正在从享受国际化的好处变为面临国际化的挑战，但我相信，国际化是一定对中国有好处的。但是，大家需要为此付出更多的努力。我做塑胶厂的时候，结业前一天工厂还是赚钱的，但我为什么决定要结束它？我知道制造业在香港未来是没有前途的。从前电话线都是铜线，但有了光纤之后，你必须洞悉铜线迟早要被淘汰。大方向定下后，再思考在小的方面如何做得更好。小的判断再准确，大方向出现偏差亦属徒然。

记者：那您希望倡导一种怎样的观念和方法论？

李嘉诚：康熙王朝尽管不是中国最强盛的时期，但资料显示，当时中国的GDP已占到全球的30%，而今天，我们中国的GDP只占全球经济的6%。我觉得，中国人是个聪明的民族，但我们中国的企业需要更精益求精。同样到工序，比如生产一支笔，你做到了90%的程度，可能只卖3元钱，你做到100%的程度，也许售价会高得多。认真追求最美好的产品，应该是我们中国人的企业的方向。当然，推销网络一定要有突破，才能够取得合理的价格和前途的保证，虽然这不是一件轻易的事，但最终亦是一件非做不可的事，工厂的规模和决心是推销突破的关键。

第三篇

李嘉诚为人处世之道

第一章　诚信为本

——商道亦人道，打造人格品牌

做人与经商一脉相连

李嘉诚，一位白手起家的亿万富翁，人人赞赏有加的事业成功者，一生中很少有负面新闻的大人物，有德财兼备的儒商称誉。面对这样一位传奇人物，我们不禁要问，是什么让他有着如此成功的人生？很简单，他拥有一个很重要的成功因素：做人。

《论语·为政》曰："人而无信，不知其可也！"纵观世上所有成功之人，很少有不诚信的。诚信是一种智慧，是一个人、一个企业的生存之本。

李嘉诚亦然。他的成功得益于逆境中自强不息的奋斗精神，以及出色的商业谋略，然而从根本上成就他的却是他那种最为朴实的做人原则和为人行事的方式。纵观李嘉诚几十年的商海生涯，无处不透露着一个儒商的道德水准和独特的人格魅力。他始终坚持诚信为本，处世低调，待人豁达，做生意从不做绝，与对手竞争从不乘人之危，成功而不忘回馈社会……

在鱼龙混杂的商海里，他不但没有远离做人的道德标准，随波逐流地运用"无商不奸、无奸不商"的那套理论，反而贯彻始终，真正做到了做人经商一脉相连。

在李嘉诚一生的商海浮沉中，这样的实例委实不少，

与此相对的，我们能够想到一个人——周正毅。

李嘉诚号称"华人首富",周正毅号称"上海首富"。李嘉诚和周正毅有很多相同的地方。譬如都是少年艰苦起家,靠炒地产、烂尾楼一鸣惊人。两个人都是个人奋斗的典型,不同的是发迹之后,李嘉诚成为财富的榜样,而周正毅成为问题富豪。同样的起点,为什么两个人的结局竟有如此大的差别?答案也是两个字:做人。

香港京华山的首席顾问刘梦熊曾做过一个对比:

2002年,一个人旗下的长虹生物科技公司要上市融资,当时长科公司全年的营业收入才几十万港元,根本就不盈利,但是股票发行时还是获得了好几倍的认购。为什么?因为香港人相信其信誉。

也是2002年,几乎在同一个时间,一个人请人帮他收购香港的公司,对方十分认真地接手这件事情,百般努力为他找到了一个拥有几亿现金的干净公司"上海地产"。结果呢?事成之后他却赖掉了几千万元的佣金。

在这个故事中,前者是李嘉诚,后者即周正毅。被赖掉佣金的人,就是刘梦熊。他下判断道:这样没诚信,注定要完蛋。

事实很快就验证了:同样的利润,李嘉诚总是少拿一个或几个百分点,周正毅要的却是多拿几个,甚至更多。周正毅缺钱吗?他不缺钱,但是他最终还是栽在钱上,根源就在一个"贪"字上。面对金钱的强大诱惑,总有人愿意铤而走险,置道德、法律、名誉与良知于不顾,而金钱最终也成为引他们走向沦落深渊的魔鬼。周正毅无疑是个反面的典范。

"问题富豪"落马是必然的,而李嘉诚的成功也是必然的。贪婪的结果往往是满盘皆输。

常常有人认为,传统道德与商业文化大相径庭,水火不容。但商界"超人"李嘉诚,却用实践证明,两者不但能很好地融为一体,还能从中迸发出更为强烈的能量。沈正伟也曾说,做人是一门艺术,经商也是一门艺术。是艺术就要揣摩,就需加以领会和感悟。的确如此。做人要诚,经商要奸,在这两种看来完全相悖逆矛盾的思维形态中,我们却能发现经商与做人其实无二,商场上一次两次的奸猾可能会得利,但他们不是常胜

-131-

将军,没有人会长期与这种没有诚信道德的商人打交道。奸商,无疑是自毁门庭。而诚信的人不管走到哪里,不管际遇现状如何,从长远来看,他们才是商场上真正的胜者。

商道亦是人道。做人与经商一脉相连。经商即是做人,商人同样也要有道德操守,以诚为本,勿以诚信为名行欺诈。

做生意,要诚信,更要巧妙地运用诚实。要在适当的时候,以适当的方式,对适当的人讲适当的内情。始终讲一些圆滑的话语,就如狼来了一般,即使讲的是真话也无人相信。故而,信用的作用很大,比起奸商来讲不知多收获了多少。"经商"助"做人",而"做人"又助"经商"。

纵观李嘉诚的商海浮沉,可以看出事实上他始终是把做人看得比任何东西都要重要。要会经商首先要会做人,要做成功的商人,首先要做一个成功的人。李嘉诚不但身体力行,在对子女的教育上亦是如此。他曾坦言在与后辈交谈时,"约三分之一谈生意,三分之二教他们做人的道理"。

做生意无信不立

要成就一番事业并不容易,然而如果有信,则利尽可"擒手可得"。有句古话说得好,成大事者以"信义而著于四海"。李嘉诚精于经商,善于做人。谈到做生意的秘诀,李嘉诚最看重的就是一个"信"字。他曾反复强调:"要令别人对你信任,不只是一个商人,一个国家亦是无信不立。"

关于无信不立,还有这样一个典故:

《论语》提到,有一次,弟子问孔子如何治国,孔子说要做到三点:要"足食",有足够的粮食;"足兵",有足够的军队;还要得到百姓的信任。弟子问,如果不得已必须去掉一项,去哪一项?孔子回答:"去兵。"弟子又问,如果还必须去掉一项,去哪一项?孔子说:"去食。民无信不立。"

从中可以发现,"足食"可以等同于做生意中的"钱";"足兵"可以等同于做生意中的"员工";"百姓的信任"则可以等同于做生意中的"信用"。这样一来就是说,做生意,没有很多钱不怕，没有很多人也不怕，但就怕没有信用。没有信用做生意是绝对好不到哪去的，李嘉诚要告诉人们的，就是这个道理。

早年李嘉诚创建长江塑胶厂时，生意火爆，产品供不应求。由于有大量订单，再加上工厂生产能力和水平的限制，李嘉诚在经验不足的情况下过度扩大生产规模而缺乏注意产品质量，结果导致了许多产品质量问题。结果，许多客户要求退货，银行追债，客户追款，塑胶厂顿时陷入困境，濒临破产。

此时李嘉诚才明白，做生意，要时时刻刻注重信用，不能为求快而放弃质量监管。于是，李嘉诚知错就改，大力加强工厂的产品质量管理，做到保质保量，按时完成。不久，李嘉诚就用他的诚信打动了银行、供货商和员工，形势因之好转，危机转化为了商机。

如果李嘉诚并没有领悟到做生意无信不立，那么很明显，他的工厂将极有可能就此破产，从此背上繁重的债务。

不论是对于一个人，还是对于一个企业集团，诚实守信都是它生存的根本所依。没有了诚信，就失去了别人的信任与尊重，就无法在社会上立足，更不要说发展与成功。

人无信不立。要立事，应先立信。孔子有言："人而无信，不知其可也。"强调"君子一言，驷马难追"的铿锵落地之声，这种声音代表着一种高贵的品质，尤其在信用缺失的时候，倘若有人依然秉持诚信的品质，那无疑是令人肃然起敬的。

在一次采访中，李嘉诚道出了他的坚持，他说：我在1950年开始创业时只有5万块港币，开业的那一天是5月1日，公司只剩下几千块港币，所以当时最大的艰难是财政。但是在这样的财政威胁下，他依然坚持了一个字"信"。由于在离开万和塑胶公司前曾经对老板许诺绝不会抢他的客户，所以他拒绝了前来他的公司主动找他合作的原客户，坚持重新开发新的销售渠道来进行销售。

正是因为这种讲信用，让李嘉诚得以有了很好的声誉，在困难时期得到了许多客户的谅解和支持，从而渡过了难关。

李嘉诚曾经说过："其实我不是做生意的材料。为什么不是材料？因为，第一，我这个人怕应酬；第二，我不懂得逢迎；

第三，诚信的事，我答应人家，就会守信用，但是人家答应我的，就不是很守信用。

"但是我想通了，就一直做下去吧。生意虽然困难，但是因为我肯求取新的知识，所以我的困难只是非常短的时间。一方面做好自己经常的业务，一方面努力去创新，创新虽然有时也会失败，但是成功了就能赚大钱。这是我的经验，困难是一种锻炼的形式。"

在人的一生中，能够做到坚持诚实与守信并不是一件容易的事。然而，惟其难为，所以可贵。那些经受了考验，能保持诚实与守信品格的人才会得到人们的信任，从而有机会取得更伟大的成就。而铸就李嘉诚的辉煌的，无疑信用是其中极其重要的一个因素。

信誉带来财路

一个平时不怎么讲信誉的人，你愿意跟他做朋友、做生意吗？答案是不愿意。一个虽然不认识，但所有人都说他很讲信誉的人，那么你是否愿意跟他交朋友、谈生意呢？毫无疑问，答案一定是愿意，甚至于还会主动去找他去做生意，因为和诚信的人打交道让人放心。

李嘉诚也说："一个企业的开发意味着良好信誉的开始。有了信誉，自然就会有财路，这是必须具备的商业道德，就像做人一样忠诚、有义气。"

这就是信誉的力量。越有实力的企业，越能得到人们的信任，也就越容易发展起来。

其实，在某种意义上，诚信如同哲学家康德所说："诚实比一切智谋更好，而且它是智谋的基本条件。"不论企业或个人，信用一旦建立起来，就会形成一种无形的力量，成为一种无形的财富。

1959年，李嘉诚的长江公司已经彻底立稳脚跟，但他并没有止步，而是选择了继续前进——进军国外。恰好当时来了一位外商，李嘉诚抓紧时机与其获取了联系。一切都很顺利，到签合同时，这位欧洲的批发商给他提出了要求——找一个担保人。这是一种很常见的方式，怕的就是对方不讲信用，难以完成承诺的事情。

李嘉诚为此四处联络，但始终没有找到担保人。没有找到担保人，李嘉诚并没有彻底放弃，他期望能以样品打动批发商，便连夜赶制。这一举动彻底征服了欧商。欧商认为，此次合作不是没有担保人，那个担保人不是别人，正是李嘉诚自己。

这几乎是一件不可思议的事情，但李嘉诚做到了！由此可见，信誉带来成就事业的机遇，并且是最可靠的担保，最有说服力的佐证。

李嘉诚就是这样经商的，他也收获了很多，譬如有一次，李嘉诚要和一家拥有大片土地的公司进行合作，其董事长跟其他的同业是好朋友，却选择李嘉诚所管辖的长江集团合作。因为这位董事长说，跟李嘉诚合作，合约签好以后你就高枕无忧，麻烦就没有，跟其他的人，合约签好后，麻烦才开始。

在商界，李嘉诚以诚信闻名，他说："一生之中，最重要的是守信。我现在就算再有多10倍的资金也不足以应付那么多的生意，而且很多是别人主动找我的，这些都是为人守信的结果。"然而很多人并没有意识到这一点，而由此带来的信誉缺失造成的不良影响和经济损失，已经成为制约企业和个人事业发展的一大障碍。

有一对夫妻在一家国营企业上班，后来因为企业效益不好，夫妻就双双辞去了工作，自己开了家烧酒店。丈夫是个老实人，为人真诚、热情，烧制的酒也好，人称"小茅台"。有道是"酒香不怕巷子深"，一传十，十传百，烧酒店生意兴隆，常常是供不应求。看到生意如此之好，夫妻俩便决定把挣来的钱投进去，再添置一台烧酒设备，扩大生产规模，增加酒的产量。这样，一可满足顾客需求，二可增加收入，早日致富。

这天，丈夫外出购买设备，临行之前，把烧酒店的事都交给了妻子，叮嘱妻子一定要善待每一位顾客，诚实经营，不要与顾客发生争吵……一个月以后，丈夫外出归来。妻子一见丈夫，便按捺不住内心的激动,神秘兮兮地说:"这几天,我可知道了做生意的秘诀,像你那样永远发不了财。"丈夫一脸愕然,不解地说:"做生意靠的是信誉,咱家烧的酒好,卖的量足,价钱合理,所以大伙才愿意买咱家的酒,除此之外还能有什么秘诀?"

妻子听后,用手指着丈夫的头,自作聪明地说:"你这榆木脑袋,现在谁还像你这样做生意。你知道吗?这几天我赚的钱比过去一个月挣的还多。秘诀就是,我往酒里兑了水。"丈夫一听,肺都要气炸了,他没想到,妻子竟然会往酒里兑水,他冲着妻子大吼了一句,就把屋内剩下的酒全部都倒掉了。他知道妻子这种坑害顾客的行为将他们苦心经营的烧酒店的牌子砸了,他知道这意味着什么。

那以后,尽管丈夫想了许多办法,竭力挽回妻子给烧酒店信誉所带来的损害,可"酒里兑水"这件事还是被顾客发现了,烧酒店的生意日渐冷清,后来不得不关门停业了。

诚信是世界上最好的广告。自古以来,大至国计民生,小到经商开店,唯有恪守职业道德,以诚信为本,才能创出事业的品牌,很多大商行、大公司的名字和品牌就价值数百万美元。近年在现实生活中,为促进发展,多数企业崇尚诚信,并相继建立了诚信机制,将其融入企业发展。但仍有一些部门和单位只顾眼前利益,忽视或无视长远利益及他人利益,甚至公然侵犯别人的利益。要知道,一时骗人可能得逞,但终究会被发现,由此买单的将不再仅仅是所贪之利那么少了!

诚信是一把锋利的宝剑,在漫长的人生旅程中,要想赢得别人的信任、尊重和良好的合作,就必须高举诚信之剑,它会帮助你在人生的征程中披荆斩棘,走向成功。诚信之剑不是用钱可以买到的,必定要用诚信才能换得。

信誉要实实在在,不要夸夸其谈

对于个人,信誉是很重要的东西;对于企业,信誉同样是很重要的东西。我们知道,在很大程度上成功依靠实力,但如果没有信誉,那么实力将很容易变为恃强凌弱。只有信誉,可以让实力成为一种正大光明的竞争力,从而在商海中立住脚跟。

"信誉是事业的生命。综观华商的创业历程,没有哪一个成功的人是不讲诚信的。"年届古稀的香港中华总商会副主席曾宪梓言辞恳切:"广东话讲'牙齿出金石',就是说一言九鼎,落地成诺。无论企业大小,都要以诚信作为首要的出发点。"

信誉也有虚的,譬如"人前人后不一样",这是做给人看的,时间长了必然露馅,这是人所共知的道理。但很多人往往不愿意花费太大的力气在维持良好信誉上,夸夸其谈也许不好,但至少会有短期效应,譬如签合同。但是,在李嘉诚看来,这样是很不聪明的行为,他说:"一个人一旦失信于人一次,别人下次再也不愿意和他交往或发生贸易往来了。别人宁愿去找信用可靠的人,也不愿意再找他,因为他的不守信用可能会生出许多麻烦来。"而当你建立了良好的信誉后,成功、利润便会随之而至。

踏踏实实做事、实实在在做生意讲诚信,赢得信誉才是做生意的根本。这个世界上太多人想要创立一番大事业,却并没有都成功。有人说:"中国,立志要做李嘉诚第二人若要排起队来,从尖沙咀一路排到天安门想必绰绰有余。"说得很逗,却很真实。不是因为他们没有讲诚心的资本,而是因为他们没有坚持。

讲信誉不能做表面文章,要实实在在地拿出实际行动来,用事实说话。

我们来讲个故事,便能很好地说明李嘉诚的话并不是空谈。

20世纪50年代,李嘉诚常去皇后大道上一间公爵行接洽生意。彼时李嘉诚已经是一个十分富有的大商人了。

他在那里遇到了一个乞丐,后来,他和这个乞丐发生了一些故事,这个故事也曾被他反复提起过。

"我经常看见一个四五十岁很斯文的外省妇人,虽是乞丐,但她从不伸手要钱。我每次都会拿钱给她。有一次,天很冷,我看见人们都快步走过,并不理会她,我便和她交谈,问她会不会卖报纸。她说她有同乡干这行。于是，我便让她带同乡一起来见我，想帮她做这份小生意。时间约在后天的同一地点。客户偏偏在前一天提出要到我的工厂参观，客户至上，我也没办法。

"于是在交谈时，我突然说了声'Excuse me'，便匆匆跑开。客人以为我上洗手间，其实我跑出工厂，飞车跑到约定地点。途中，超速和危险驾驶的事都做了，但好在没有失约。见到那妇人和卖报纸的同乡，问了一些问题后，就把钱交给她。她问我姓名，我没有说，只要她答应我要勤奋工作，不要再让我看见她在香港任何一处伸手向人要钱。事毕，我又飞车回到工厂，客户正着急：'为什么在洗手间找不到你？'我笑一笑，这件事就这么过去了。"

这件事情也被李嘉诚多次谈起，此事虽小，但细微之处足见李嘉诚讲信用是多么的实实在在。在平日里，若说李嘉诚遵守信用或许只是分内之事，那么面对一个普通乞丐却仍然信守承诺是不是就有些过分呢？而且还撇客人的空，把客人晾在一边……

我们可以知道，李嘉诚的信誉并不是凭空来的，也不全是对客户守信来的，而是对每一个人一视同仁。李嘉诚把诚信比作他的第二生命，说有时候比自己的第一生命还重要，这绝不是虚妄之言。

曾有记者问李嘉诚做生意最大的收获是什么时，他说："那就是诚信，就是不妨把自己看得笨拙一些，而不是投机取巧。"

李嘉诚是笨拙的，因为他无论对谁都是讲信誉的，他把恪守信誉当成一种习惯，从未想过要投机取巧，要夸夸其谈。也因此，他的成功似乎是绝对的。

诚信聚才，"得人才者兴"

古有云"得民心者昌，失民心者亡"，今有云"得人才者兴，失人才者亡"。前者为治国之本，后者则为企业的生存之本。一个国家得民心，才有国运昌隆；一个企业得人才，才有前程似锦。一个人能力很强也可成事，但单枪匹马总不如群力为之。

聚拢人才于自己麾下，凝练他人的智慧为我所用，事业才能少走弯路，蒸蒸日上。

李嘉诚说："以诚待人是我生活上坚守不移的原则。"正是李嘉诚那广为传颂的诚信美德，使得众多出类拔萃之才纷纷因他而来，由他而聚，心悦诚服地为李家商业王国奉献自己的聪明才智。

在李嘉诚创业之初，遭遇了严重的倒闭威胁，李嘉诚知道是自己的冒进惹了祸。于是他回到工厂召集员工开会，坦诚地承认是自己的经营失误拖累了工厂，也连累了各位员工。为了工厂能够存活，只能暂时辞退一部分员工。他当众向员工赔礼道歉，并承诺道：经营一旦有转机，辞退的员工如果愿意都可回来上班。

这看似只是一种权宜之计罢了，若公司倒闭了还罢，若是经营状况好了何必请他们这些技术并不够好，被裁员了的人呢？

然而李嘉诚并没有食言。1955年的一天，李嘉诚召集全体员工开会。在会场上他表示，经过亲自拜访每一位当初离开的员工，几乎全部员工都回到了公司，每一个人都热血沸腾。

李嘉诚以实际行动证明了自己的诚信，也因此收获了万众一心的团结力量。接下来的日子里他们同舟共济，终于杀出了一条血路，立稳了脚跟。诚信聚才就是这样发挥了不可替代的作用。

若是这些不够人才的资格，那么我们还可以举出很多例子，譬如李嘉诚的"左右手""客卿""洋客卿"。对于李嘉诚的用人之道，有人以一语而蔽之：以诚待人者，人亦以诚应之。

一直追随李嘉诚左右长达30年的盛颂声，直到1985年因为举家移民加拿大才离开长江实业。而身为集团公司副董事总经理的元老重臣周千和，则至今仍追随在李嘉诚身边，继续为他出谋划策，共守江山。"客卿"杜辉廉备受李嘉诚青睐和赏识，却坚决拒收薪而为其出谋划策。我们无法知道这些人这样做具体是怎样想的，但我们起码可以从这些现象中感觉到李嘉诚的诚信待人之道在其中产生的巨大力量。

不仅高层如此，就连最为普通的底层员工也对李嘉诚赞叹有加,说其所在的公司从未出现拖欠工资的情况,而且福利很好,关心体贴员工。

朱元璋曾说:"子思英贤,有如饥渴。"要招来人才,诚信是基本原则。

牛根生离开伊利后,他在伊利的手下的几员"大将"也跟了出来,他们愿继续跟着牛根生一起干。他们把手中的伊利股票卖掉,凑了100多万元,在一间花200元租到的办公室里成立了内蒙古蒙牛乳业集团,牛根生任董事长兼总裁。业界某元老闻知此事,不由拍案大笑:"100万元能干什么!"消息传开后,从伊利集团一下子跑过来三四百人,要和牛根生一起干。在这些人的带动下,他们的亲戚、朋友、所有业务关系都开始把钱投给牛根生,最终筹集到的钱达到了1300万。

他们之所以愿意和牛根生干,愿意投资蒙牛,不仅是因为相信牛根生的经营能力,还因为信任牛根生的人品。牛根生是个绝不会让人吃亏的人,他信奉"小胜凭智,大胜靠德""财散人聚,财聚人散"。

牛根生说:"企业的第一个战利品,也许只不过是锅盖大的一块蛋糕,可是,这第一块蛋糕的分割却很有学问。假如领头的将军切走五分之四,只给冲锋陷阵的众弟兄们留下五分之一,你说下一次这个仗还怎么打?有的人抱怨,有的人怠工,有的人想走,有的人说闲话,这第二仗还没开打呢,人心就先散了一半。"

所以,古人说"将欲取之,必先予之",佛经也说"舍得,舍得,有舍才有得"。这世界上挣了钱的有两种人,一种是"精明人",一种是"聪明人"。精明人竭泽而渔,企业第一次挣了100万,80%归自己,然后他的手下受到沉重打击,结果第二次挣回来的就只有80万。聪明人放水养鱼,他第一次挣了100万,分出80%给手下人,结果,大家一努力,第二次挣回来的就是1000万!即使他这次把90%分给大家,自己拿到的也足有100万。等到第三次的时候,大家打下的江山可能就是1个亿,再往后就是10个亿。这就叫多赢。独赢使所有的人越赢越少,多赢使所有的人越赢越多,所以,精明人挣小钱,聪明人赚大钱。"精明"与"聪明",一字之差,谬以千里。

诸葛亮说:"士为知己者死。"只要你真心对待人才,让他们相信你有与他们有福同享的信义,必然能换来他们忠诚的追随。

如今,经济全球化,人们隔省、隔市、隔州、跨洋仅凭一纸合同、一张信用证即可交易,有的在网上都可以交易,那么一个没有诚信的企业,谁敢与你交易?如此,不仅不会有顾客与客户,甚至连员工都难以忠心护主了。

诚信是一种公众的认同感,不仅包括企业的诚信、企业与员工之间的关系,还包括与股东的关系及社会影响和环境影响。诚信是一种财富,诚信是企业招徕顾客的吸铁石,更能为企业吸引最优秀的人才。每年毕业时节,看看有多少毕业生慕名去投大企业的简历。他们为的是什么,企业若无诚信,人人诟之。

《李嘉诚成功之路》一书中这样写道:"正因为李嘉诚善于把一批确有真才实学的智囊人物团结在自己的周围,'博采天下之所长,为己所用',从而保证了他每在关键时刻都能出奇制胜,化险为夷。"

得人才者兴,李嘉诚因此而发达。

让你的敌人都相信你

有这样一些人,他们耍小聪明,爱做"一次性买卖",于是他们没有成功,并且为人不齿;有这样一些人,他们讲诚信,但只对他们的合作伙伴,对对手、敌人却是无所不用,于是他们有些人过得不错;又有这样一些人,他们讲诚信到执拗,就是吃亏也不违约,就是对敌人也不捅黑刀,于是这种人成功了。后者其中一个代表,便是李嘉诚。就是这种"不捅黑刀"的有些"愚"的行为,让李嘉诚做到了敌人都相信他、都信任他的奇迹。

在一次访谈中,李嘉诚讲了这样一番话:

"曾经,我有个对手,人家问他,李嘉诚可靠吗?他说,他讲过的话,就算对自己不利,他还是按诺言照做,这点是他的优点。"

李嘉诚答应人家的事，错的还是照做。让敌人都相信你，你就成功了。

对于这种平和的叙述，很多人并不感冒。但是这就是李嘉诚的风格，只有细细品读，方能见其中真谛。正因为他心态放得正，做事行得正，并且讲求仗义，所以才得到了"敌人"的赞赏，而不是故意踩扁。

他模拟了一场采访，自问自答说：有人问我做人成功的要诀为何？我认为做人成功的重要条件是：让你的敌人都相信你。要做到这点，第一是诚信。他强调的第一点，便是诚信。由此可见，诚信的重要性的确非同一般。

让敌人相信你是一个名副其实的技术活。关于"让敌人相信你"，如果你简简单单以为只是诚信就可以做到，那么很遗憾，这并不能奢想敌人会在利益面前选择称赞你，因为他不够放心。我们仔细分析一下，会发现李嘉诚所说的"让敌人相信你"其实就是让对手相信你、信任你，最终成就你，这样的例子在历史上也有不少，诸葛亮七擒孟获的故事就是其中一例。

诸葛亮出兵征讨孟获时，参军马谡对诸葛亮说："孟获叛将依仗那里地势险要，离成都距离遥远，很久以来就不服从朝廷的管束。你今天用武力打败他，你一回师，他明天又可能叛变。所以，对付他攻城为下，攻心为上。这次出征我认为不应该以消灭他的人员为目的，而应该从心理上征服他，这样才能收到好效果。"马谡的话，也正是诸葛亮心里所想的。诸葛亮赞许地点点头，说："你的建议很好，我一定照这样去做。"孟获得到诸葛亮率军出征的消息，连忙组织人马进行抵抗。诸葛亮了解到孟获作战勇猛，力大无穷，性格耿直豪爽，说一不二，但缺少计谋。于是，一个降伏孟获的作战计划便在诸葛亮的头脑里逐步形成。首先，他向全军发出命令：对敌人首领孟获，只能活捉，不要伤害。接着，他把大将王平叫到跟前，低声对王平讲了几句。王平会意，便带领一支人马，冲进孟获的营寨。孟获连忙迎战，交战没有多久，王平猛然调转马头，向荒野奔去。孟获见王平败逃，心头有说不出的高兴。他马上喝令手下的人，快速向前追赶。王平来到一个谷地，两岸是陡峭的绝壁，脚下是狭窄崎岖的小路。没走多远，王平猛地一下转过身来，眼睛望着紧随而来的孟获，仿佛要同他在这里决战。孟获不知是计，握紧战刀，催马前赶。还没接近王平，忽听后面喊杀声震天。转头一看，孟获才发觉自己已被蜀军包围。孟获任凭自己如何勇猛无敌、力大无穷，终究敌不过蜀军大队人马的轮番进攻。渐渐地，他感到体力不支、气喘吁吁了。又有一队蜀军从四面包围过来，孟获心里一惊，马儿突然向上一跃，孟获从马上跌落在地，被冲上来的蜀军捆了个结结实实。孟获被押到诸葛亮面前，以为自己必死无疑。不料诸葛亮走下帅台，亲自给他松了绑，并好言好语劝他归顺。孟获大声说："这次是我不小心从马上跌下来，被你们捉住，我心里不服！"诸葛亮也不斥责他，把他带到蜀军营地四处走走看看，然后问他："孟将军，你认为我蜀军人马怎样？"孟获高傲地说："以前我不知道你们的阵势，所以败了。今天看了你们的营地，我觉得也没有什么了不起！下次我一定能打败你们！"诸葛亮坦然一笑，说："那好哇，你现在就回去，好好准备准备，我们再打一仗。"孟获回到部落，重新召集人马，积极筹备同蜀军的第二次交战。有勇无谋的孟获，哪里是蜀国丞相诸葛亮的对手！没出一天工夫，孟获再次被蜀军将士生擒了。诸葛亮对孟获好言好语劝慰一番，又将他放了。这样捉了放，放了捉，反反复复进行了七次。孟获第七次被捉，终于被诸葛亮的诚意感动了。他流着眼泪说："丞相对我孟获七擒七纵，真可称得上是自古以来都没有的仁至义尽的事啊！我从心里佩服丞相。从今以后，我绝不再反叛了。"

　　李嘉诚认为，敌人相信你，不单只是因为你诚信，还因为他相信你不会伤害他。孔明用兵作战，就非常重视这种攻心谋略。他七擒七纵收服孟获，是夺敌将之心的典型例证。李嘉诚的话带给我们这样的启发：在与人竞争时，不仅仅靠蛮力，而是靠智慧和诚信，能让你的对手都相信你，就是赢得真正的成功的开始。例如我是他的竞争者，他相信我不会伤害他，不会用不恰当的手段来得到任何东西，或是伤害任何一个人，而是光明正大地较量，这是强者过招最欣赏的一种方式。

一诺千金，有诺当必践

提及李嘉诚，就常常会想到"一诺千金"这个词，似乎应该更为确切地说，"一诺亿金"。

李嘉诚曾这样讲："如果要取得别人的信任，你就必须做到重承诺，在作出每一个承诺之前，必须经过详细的审查和考虑。一经承诺之后，便要负责到底，即使中途有困难，也要坚守诺言。"李嘉诚的确也是这么做的。

1993年，香港的经济因受世界经济危机周期的影响出现不景气景象，李嘉诚长实集团的生意受到严重影响。1992年该公司净利下跌5.256亿元，比1991年下跌62%，1993年，该公司净利继续下跌4亿多元。社会上纷纷传闻："李嘉诚不准备办汕大了！"

但李嘉诚没有这样做，他立刻写信给汕大筹委会主任吴南生承诺："鉴于汕大创办的成功与否，较之生意上以及其他一切得失，更为重要。"同时强调，"我在事业上，一切都可以失败，但汕头大学一定要办下去！"

一声承诺，重于泰山。下承诺很容易，履行诺言却并不轻松。汕大创办至今23年，李嘉诚捐资已逾20亿港元。捐出这笔巨资，他属下的长江及和黄集团要达到1100亿元的营业额，才可能有20亿元的税后股息，真是"一诺亿金"啊！

同样一诺千金的品质在一些小人物身上也会闪耀，安东尼就是其中的一个。

安东尼开了一家电脑公司，他向顾客承诺：当天订货，当天送货上门。

有一天，一个用户急需计算机配件，但他却在离城40公里的开发区里。安东尼得知后，想派人送去，但员工都下班走光了，于是他便决定自己去送。途中，突然下起了倾盆大雨，河水猛涨，交通阻塞，安东尼的汽车无法行驶。按常理遇到这种特殊情况，安东尼完全有充分的理由返回，但他并没有被艰险吓倒，仍勇往直前，巧妙地利用原来存放在汽车里的一双旱冰鞋，滑向目的地，平时只要二十几分钟的汽车路程，却变成了4个小时的跋涉。安东尼到达用户所在地后，又不顾疲惫，及时解除了用户的困难，使用户大为感动。

安东尼的坚守用了艰难的4个小时，而李嘉诚却用了几十年，并且走得更为艰辛。

同样面临环境的压力，同样面临不支的困境，却仍然坚持完成，不计成果。一诺千金，就是自己说话一定要算数，自己许下的诺言一定要去实现它。安东尼实现了，李嘉诚更实现了。

财富人物，"股市金手指"黄鸿年曾经说过，在经商与人生道路上，除了父亲之外，李嘉诚是对他产生很大影响的人。

据他回忆，1989年，他向李嘉诚购买加拿大温哥华世界博览会旧址的3栋建筑，谈妥以4000万美元成交。之后，市场价格开始上涨，李嘉诚的一个儿子提出要再加500万美元，黄鸿年没有同意，因此产生一些周折。李嘉诚知道后出面调停，请黄鸿年吃饭，当面给儿子打电话，要求他按照原价进行交易，并特别强调"这件事一定要圆满解决"！

朴素的讲述透露出了李嘉诚重义不重利、一诺千金的良好品德。

黄鸿年说，诚信不单体现在做生意方面是否守时等小细节，也是一个人的信誉。李嘉诚就非常注重小节。

一次，李嘉诚请黄鸿年一起午餐，因为在牙医诊所耽误了一些时间，所以迟到了5分钟，到了之后他一再道歉，请黄鸿年不要介意。当时李嘉诚已经功成名就，而黄鸿年只是初绽锋芒的商场新兵，听着前辈一再道歉，黄鸿年反而觉得非常不好意思。李嘉诚作为一个已经功成名就的大人物，却依然没有忘记遵守承诺，在因为一些客观原因耽搁之后，表现了十分的歉意，让人觉得心中一暖。

遵守诺言就像保卫财富一样重要，一旦失去了信用，就会一无所有。一个人既然做出郑重的承诺，就应该想方设法地实现它，不应该寻找任何不能兑现的理由。

诚信是企业成功的保证

在人的一生中，有很多高潮，也有很多低谷。这一点同样也适用于企业。作为企业大脑的李嘉诚感同身受。简要概括李嘉诚与其企业的一生，我们大致可以分出个上、中、下篇。上篇可以说是"化危机"，中篇可以说是"定大业"，下篇可以说是"保江山"，篇章分明，堪称一部宏伟的诗篇。

其中，是什么起了最大作用，可以让他江山不倒、江水长流？是诚信。

创业初期李嘉诚的长江厂遭遇质量危机，这是"化危机"。李嘉诚用诚信赢得了改正的时间，从而逆转了整个局势。

而关于"定大业"和"保江山"，由于版本太多，我们只截取其中一个来说，那就是有关"虎豹别墅"的建设问题。

在香港，有一处著名的旅游景点"虎豹别墅"，十分有名。与其说其是一座私人花园住宅，倒不如说是一个规模宏伟、饶有特色的公园。凡到过虎豹别墅的人，都对它的美丽多姿、富丽堂皇而流连忘返、交口称赞。

1977年6月，继地铁中标后，李嘉诚又购入大坑虎豹别墅的部分地皮计15万平方英尺。李嘉诚购得地皮后，在上面兴建了一座大厦。

盖大厦是好事啊，但是由于设计者并没有考虑地理位置，只是"闭门造车"，设计出来的大厦虽美，却破坏了整个别墅的美感，游客们多有非议，毫不客气地指责大厦破坏了整个布局的统一和美观，影响了原有的人文景观。

李嘉诚得知此情后，立即下令停止在那块地皮上继续大兴土木，尽量保留别墅花园原貌。并表示，以诚待公众，宁可损失巨款也不能失信于大众的期望。真可谓有大将风范。

这件事情终于落下帷幕了，李嘉诚却收获了一个意外，不是因糗事而为人所垢，竟然是汇丰老大的一个"钟情"，从而为两家"联姻"创造了极为有利的条件。

"打江山容易，保江山难"，这并不是一句虚话。正是因为李嘉诚时刻注重顾客与客户的需求,以诚待人,诚信做事,从不一意孤行,这才有了一生的好名誉,从而生意源源不断。

关于诚信,很多人都做过解释,联想集团总裁杨元庆的想法大体与李嘉诚有着异曲同工之妙。他是这样理解诚信的:"诚信是一个人乃至一家企业生存的根本。诚信的意义不仅在于一笔交易的成败赚赔,还在于它标志着一个企业的品质。事实上,有了诚信,不一定能取得长远成功;但没有诚信,一定不能取得长远成功。

"诚信,是一切行为取得成功的基础,有了这个基础,再加上其他因素,成功就不远了。对短期利益来说,坚持诚信,可能会导致企业失去一部分眼前利益;但从长远发展的角度来看,诚信是在竞争中取胜的最好法宝之一。诚信可以使我们得到客户的认同,得到合作伙伴的认可。在这个交流互动的时代,诚信的态度不但是重要的,而且是最基本的。"

有一次,美国亨利食品加工工业公司总经理亨利·霍金士突然从化验室的报告单上发现,他们生产食品的配方中,起保鲜作用的添加剂有毒,这种毒的毒性并不大,但长期食用会对身体有害。另一方面,如果食品中不用添加剂,则又会影响食品的鲜度,对公司将是一大损失。

亨利·霍金士陷入了两难的境地,到底诚实与欺骗之间他该怎样抉择。最终,他认为应以诚对待顾客,尽管自己有可能面对各种难以预料的后果,但他毅然决定把这一有损销量的事情向社会公布,说防腐剂有毒,长期食用会对身体有害。

消息一公布就激起了千层浪,霍金士面临着相当大的压力。他自己公司的食品的销路锐减,而且所有从事食品加工的老板都联合了起来,用一切手段向他施加压力,同时指责他的行为是别有用心,是为一己之私利,于是他们联合各家企业一起抵制亨利公司的产品。在这种自己的产品销量锐减又面临外界抵制的困境下,亨利公司一下子跌到了濒临倒闭的边缘。在苦苦挣扎了4年之后,亨利·霍金士的公司已经危在旦夕了,但他的名声却家喻户晓。

后来,政府站出来支持霍金士。在政府的支持下,加之亨利公司诚实经营的良好口碑，亨利公司的产品又成了人们放心满意的热门货。由于政府的大力支持，加之他诚实对待顾客的良好声誉，亨利公司在很短时间里便恢复了元气，而且规模扩大了两倍。也因此，亨利·霍金士一举登上了美国食品加工业第一的宝座。

在诚信与欺骗之间，霍金士没有因为暂时的利益而选择欺骗，而是顶住重重压力，退而居守诚信，终于获得了肯定，取得了成功。诚信是做大事的前提，是立业之基，是企业成功的保证。

诚信是一种美德，更是一种品质，李嘉诚以每一个实际行动彰显着其巨大的魅力。一个企业能不能在市场中站稳脚跟，关键是看能不能树立起企业的形象，而这种形象的树立并不需要什么公关公司，什么危机达人，它只需要4个字，那就是"以诚为本"。

李嘉诚启示录

李嘉诚如是说

未学经商，先学做人。

名誉是我的第二生命，有时候比第一生命还重要。

我们长江要生存，就得要竞争；要竞争，就必须有好的质量。只有保证质量，才能保证信誉，才能保证客观，才能保证长江的发展壮大。

与新老朋友相交时，都要诚实可靠，避免说大话。要说到做到，不放空炮，做不到的宁可不说。

我生平最高兴的，就是我答应帮助人家去做的事，自己不仅是完成了，而且比他们要求的做得更好，当完成这些信诺时，那种兴奋的感觉，是难以形容的……

在香港还是其他地方做生意，毕竟信用最重要。一时的损失将来还是可以赚回来的，但损失了信誉就什么事情也不能做了。

超人链接：李嘉诚实话实说

长期以来，李嘉诚始终保持低调，传奇式的故事不少，但往往真假参半。1999年，李嘉诚接受了《亚洲周刊》的独家专访，把他的一些看法、个人生活和生命经验娓娓道来，也澄清种种传言。以下是访谈摘要：

记者：听说你喜欢睡前看书，重视自学。你昨天晚上看的是什么书？

李嘉诚：我昨天晚上看的书是有关IT（资讯科技）的前景，这个行业发展会很快，我相信未来二三年内，电影、电视都可以在小小的手提电话中显示出来。我比较喜欢科技、经济、历史和哲学类的书籍，最近对网络资讯比较有兴趣。

记者：你不看小说？

李嘉诚：对，我不看小说，娱乐新闻也不看。这是因为从小要争分夺秒"抢"学问。我年轻时没有钱和时间读书，几个月才理一次发，要"抢"学问，只能买旧书，买老师教学生用过的书，教科书里有教师划出的重点、答案，什么都有。总而言之，言情小说、武侠小说不看，因为没有时间。其实我很喜欢历史，小时读书历史都拿高分。

记者：你怎样安排自己的时间？工作会不会很累？

李嘉诚：我每天不到6点就起床，运动一个半小时，打高尔夫球，晚上睡觉前都坚持看书。白天精神还是很好，精神来自兴趣，你对工作有兴趣就不会累。最累的时候是开会，一个发言者讲了第一分钟，你已经知道要讲的内容，可是那人讲了10分钟，你就会感到非常疲倦，因为无聊和无奈，有时要带花旗参去提神。

记者：你睡不睡午觉？

李嘉诚：不睡，有时太累了，也喝点咖啡。

记者：你喜欢看科技书籍，你认为发展科技应该把注意力放在哪里？

李嘉诚：要令人认识科技发展及其应用会带来什么商业机会。我想如果能令一些科技变得更实用、更适合中国，本身对香港就是一个巨大的商机。过去数年，我们公司组织及鼓励各阶层同事重视自发性学习新的科技，去考虑那些增强业务效率、拓展竞争优势和提升营运效益的科技项目，连我自己都天天阅读有关科技的书籍。

记者：你有没有试过用电脑上网？

李嘉诚：两年前有一次上网花了两个多小时。我用电脑主要是看公司的资料。

记者：为香港创造繁荣的老一辈企业家，不少都面临下一代接班的考虑，你是否已在考虑接班问题？

李嘉诚：我已辞去长江董事总经理一职，但仍是董事会的主席，日常的工作由长子李泽钜和一批年轻的行政董事共同负责。但重要的决策，他们还会和我磋商。儿子和我所有公司的重要高级行政人员都相处得很好，接班一定没有问题。

记者：在高竞争、高知识、高速发展的香港社会，商界下一代要走的路是否更艰难？

李嘉诚：商界一定是跟时代发展，今天要谨记知识与经济发展是分不开的。新一代面对的问题，有易有难。但相对于数十年前，学问、知识与事业之间的成败关键，对下一代来说更为重要。

记者：西方人说留给下一代炼金术而不是黄金，你留给孩子的是什么？

李嘉诚：中国人说是给"渔"而不是"鱼"。我两个儿子都很上进，热爱香港。泽钜跟着我，现在是上市公司的负责人，和公司的人员相处得很愉快。他已是一个孩子的父亲，关心社会的将来，热心环保，常常说如果我们再不注意环保，香港会变成怎么样。他的生活很简单，消费比我还简单，这条路他是走定了。

记者：幼子独立创业，你放心吗？

李嘉诚：泽楷和世界很多在新科技领域极有成就的公司和人物来往密切，过去几年，花了大量时间和不少投资及心血在发展高科技事业上，以他的工作表现和经验，可以在很多国家，尤其是西方国家找到发展空间。即使面对像数码港这样的压力，面对未来的挑战,他还是要立根于香港,这是成熟和热爱香港的表现。我对泽钜跟着我的步子,以及泽楷发展高科技的投入和将来的工作,都有充分理由放心。

记者:最近李泽楷提出的数码港计划似受阻,你会不会向港府施压?

李嘉诚:不,绝对不会,我从没有运用影响力,向港府官员说过有助数码港的话。

记者:你是不是一个很严格的父亲?你会不会打孩子?

李嘉诚:我会打,不过是假打。我是一个严格的父亲,以前,星期天我都和孩子一起,在小游艇上不是教他们怎样赚钱,而是教他们做人,星期天都不安排其他活动。

记者:你有没有宗教信仰?

李嘉诚:我自己没有特别的宗教信仰,但涉猎很多宗教书籍,基督教、佛教、儒家、道家的书都看。有时一些警言非常精辟,令人开心。

记者:一个成功企业家的乐趣和追求究竟应该是什么?

李嘉诚:不断积极迎接新挑战。企业的成功,使我得到更大的资源,可以做出对社会、对民族有建设性的永久贡献。我今天的生活水平和几十年前相比只会差了,年轻时也有想过买点好的东西,但不久就想通了,只是强调方便,我的穿着可能比你们都便宜。我这双皮鞋400多港币,戴的手表也只有200多元。我只求心灵满足,很开心。我相信,一个人的地位高低要看行为而定,你自己想通了,脑海中自会另有天地,能超越权势和卑微。

记者:在企业家参与社会公益活动方面,你是如何做的?

李嘉诚:中国过去有不少富可敌国的商家,但古老的传统思想是基业传万代,考虑让儿子代代相传。我认为让实业千秋万代继续下去是应该的,但一个人基本生活保障并不需要太多。你有多余的钱财,应多参与社会公益活动。所以,商业我会慢慢地放,公益事业我想更多地直接参与,希望借此能引起其他参与者的使命感和更多人的共鸣。

记者:你有很多事业,但似乎对新闻媒体投入不多?

李嘉诚：我对媒体非常有兴趣，也有投资，是新城电台的股东。但媒体和其他行业有时会冲突，从内心讲，有时会得罪人。以我的作风，不喜欢为赚钱去制造新闻，伤害别人。

记者：据说你和员工相处得很不错，你有没有直接辞退过员工？

李嘉诚：高层的没有，中级的职员有辞退过。那是一个受过很好教育的中层管理人员，多次以权谋私，他的行为和他的待遇绝不相符，我决定辞退了他。

对一个职工，如果他平时工作马马虎虎，我会十分生气，一定会批评他，但有时做错事，你应该给他机会去改正。有一次，一位职工不小心把我办公室一匹非常珍贵的唐三彩马打碎了，我只是淡淡地说，以后小心些。马已碎了，他也在自责，你为什么还要去说他呢？这不是钱的问题，而是做人的道理。

记者：你能不能向全球华人总结自己的生活经验？

李嘉诚：华人在世界各地的发展要融和当地社会，发展得好，就应该对社会有所贡献，对推动当地社会有益的事要不遗余力地去做。我一心要建立的不仅是中国人感到骄傲的企业，而是也让外国人看得起的企业。

第二章　正气当先

——做正直商人，有为有不为

不以小利伤大局

顾全大局的人，不拘泥于区区的小节；要做大事的人，不追究一些细碎的小事；得巨材的人，不为其上的蠹蛀而怏怏不乐。因为一点瑕疵就扔掉玉圭，还是得不到完美的美玉；因为一点蠹蛀就扔掉巨材，天下就找不到完美的良材。要做成大事，须统观全局，不可纠缠在小事之上。

李嘉诚的扩张之路便正好说明了这个问题。20世纪70年代初期，长江地产成立仅五六年，公司的业绩便直线上升，年经常性利润便达到近6000万港元，拥有物业地产55万平方米左右，资产净增达5亿多港元。

在人们的印象里，在一个人接近成功，大富大贵之后往往随之而来的便是"破例"，便是过于张扬。然而，李嘉诚却并非如此，他以极其谦逊的为人走过自己的一生，哪怕是顶峰时刻。当然，无论对谁，没有半点私心似乎并不现实，所谓私心无人不有。但智慧的人总是会恰当抉择，能够克制私心，以大众的利益为重。李嘉诚便是如此。

20世纪80年代，李嘉诚踏上了数十年没有走过的故土。自然，重修祖屋、恢复家园的心愿无不震动着李嘉诚的心扉。于是，1979年他筹建"群众公寓"，这是以大局为重了，因为他不在故乡居住，却为故乡添土，而且先动工的不是自家祖屋。

而能表现其不以私心论断的，则是家乡人给予的建议。

在完工之时，家乡政府部门提出"优先安排其亲属入居"的建议，李嘉诚坚决反对，他在给家乡的信中说："本人深觉款项捐出，即属公有，不欲以一己之关系妨碍公平分配。"其时，他的一些兄妹们并没有十分好的居所，并且，家族内也有亲属提出原有祖屋面积过于窄小，族人居住多有不便。但李嘉诚并没有因己之所盖，而选择徇一点点私情，哪怕别人甘心让出面积来。

由于李嘉诚的举措，潮州市政府和左邻右舍的乡亲们对李嘉诚祖屋的修复十分重视，从心理上乃至行动上都做好了搬迁让地的准备，欲积极配合与支持李嘉诚祖屋的扩建工作。然而李嘉诚并没有这样做，他对这个问题考虑得更全面、更深远。在认真思考之后，李嘉诚决定不扩大面积，打算就在原有面积的基础上建造一栋四层楼房供族人居住。他说："虽然目前要拿多少钱、扩充多大的面积都不是问题。但是要想一想，这样做的后果必然会影响到左邻右舍的切身利益，我们不能拿乡亲们的祖屋来扩充自己的祖屋，绝对不可以以富压人，招致日后被人指责。"

由李嘉诚的经历不难看出，他是十分照顾自己的家族的，无论族人富裕与否，逢年过节依然要额外给每一位族人一些资金补贴家用。平心而论，如此孝心、爱亲的李嘉诚，又何尝不希望有一个优雅的居住环境，修复一座宽大舒适的祖屋，解决族人的居住问题呢？但他没有答应。在修复祖屋的问题上，李嘉诚小心谨慎的态度、以大局为重的处理方法可谓无不体现出他的过人之处。

能够在行善进取中这样顾及大众，能够将一己私利放到这样的角度去认识，特别是对一个传统观念浓厚的商人来说，我们不能不说李嘉诚的"正"是发自内心的，绝不仅仅是做做样子就算的。

纵观商界，能够立住脚跟，不以小利伤大局是重要的一条原则，同时我们也可以反过来说，不以小害伤大局也是精明人士的睿智之举。柳传志就是其中一位。

2001年，柳传志激流勇退，将仅仅三十出头的杨元庆扶上了联想集团CEO的宝座，从此，杨元庆放开手脚开始打造高科技的、服务的、国际化的联想。然而从2003年开始，联想集团在各个IT战场上遭遇了接二连三的失利，导致海外资本市场对联想集团的管理层信心不足，面对这种情况，柳传志再度出山并亲自出面向市场做解释，重新向投资者积极推介联想……他以商业领袖的人格魅力和联想的品牌效应终于消除了市场对联想的负面印象，又一次为杨元庆解决了后顾之忧。

2004年12月8日，联想集团宣布收购国际商业机器公司个人电脑事业部，并于2005年5月1日完成了并购交易。然而，并购完成后的新联想将何去何从受到了企业界和媒体的广泛关注，另外，对于新舵手杨元庆是否有足够能力带领联想进入新纪元也是业界人士质疑的一个焦点。

面对质疑，柳传志从大局出发，时刻把公司利益放在首位，做出再次力挺杨元庆的举措。因为他认为杨元庆本人有3个优点在如今的联想是十分难能可贵的：杨元庆能够把股东的利益放在首位；为人诚实，面对投资不会说假话；更为重要的是，经过柳传志几年有意无意的历练，他逐渐学会了妥协和沟通，学会了从大局出发全面考虑问题。

柳传志举例说："谈判期间，联想原计划设立双总部，但新联想的行政总裁Stephen Ward力陈在纽约大本营对稳定客户的重要性，身为统帅的杨元庆最终欣然接纳，打消了在中国做总部的念头。"柳传志认为在IT行业发生这么大转折的时候，杨元庆能够做到这一步已经是很不错了："在我前十多年的企业生涯中，也没有遇见过行业发生这么大的转折，都是处于中国形势好、行业好双好的情况下在做；在行业发生很大转折时应该怎样处理我也是没有经验。"

凭着对行业的透彻了解，柳传志深知IT行业不同于传统行业，这需要企业领导人具备敢于去闯、去冲、去拼的精神，更要了解逆水行舟不进则退的道理。虽然杨元庆在决策上曾经有过失误，但总体上看这些都是小错误，公司应该允许高管的试错行为，因此，选择公司领导人要把统一的价值观作为第一要务。

柳传志说:"在香港或海外找一名能当大任的管理人,可能不是太难,但在内地要找一名不管遇到多大压力都能说实话,并且有上进心的年轻人实在是很难。考察高管不能只看短期业绩。"在柳传志看来,一个完全跟着业绩风向转的领导并不是一个合格的领导。一个优秀的企业领军人应该时时刻刻把企业的利益放在第一位,在全局利益的基础上推动长期业绩。而杨元庆恰恰就是这样的一个人。所以我们不能因为一次小失误就否定全部,任何时候,以大局为重,从大局出发做出判断都是最重要的,而不是在于一点一滴的利害,而这可以用一个字来概括,那就是——正。

"正"字在李嘉诚看来是重中之重,这种重就在李嘉诚心中。如果自己的行为能够打动人心,如果自己的谋略能够以大局为重,那么又有谁会遏制你前进的步伐呢?

重义轻利,以德报德

在很多书的版本里,商人都被塑造成为唯利是图的模样,如"商人皆为利来""商人不是慈善家"等。然而李嘉诚在很多事情上的作为却可以用一个词来形容,那就是"重义轻利"。

香江才女林燕妮曾经与李嘉诚有一些业务往来,她说,塑胶花早过了黄金时代的那个时期,根本无钱可赚。当时长江地产业的盈利已十分可观,就算塑胶花有微薄小利,对长江实业来说,增之不见多,减之不见少,但李嘉诚仍在维持小额的塑胶花生产。

经过仔细询问才发现,李嘉诚这样做原来是顾念着老员工,给他们一点生计。有人就说:"不少老板待员工老了就一脚踢开,你却不同。这批员工过去靠你的厂养活,现在厂没有了,你仍把他们包下来,怪不得老员工都对你感恩戴德。"李嘉诚回答说:"一个企业就像一个家庭,他们是企业的功臣,理应得到这样的待遇。现在他们老了,作为晚一辈,就该负起照顾他们的义务。"

不以员工、企业能否创造利润为目的的商人并不多见。李嘉诚重义轻利,故而面对询问十分坦然。

白居易《琵琶行》里有一句说"商人重利轻别离",可见商人重利是人们心中固有的观念。但事实上,在传统中国商人的血脉里同样也流淌着重义的血统。

电视剧《大染坊》曾经塑造了一位清朝末年享誉全国的山东商业巨子陈寿亭。他原名陈六子,是山东周村人,年幼时父母双亡,他只能以讨饭为生。一个冬天的早上,他假装昏迷倒在了一家染坊的门口,染坊的周掌柜为人和善,见他可怜便收留了他。后来他又成了染坊的伙计,并认周掌柜为义父,并改名陈寿亭。周掌柜本出于仁义之心收留他,但因此捡回一条命的陈寿亭感念周掌柜的恩情,并且秉持着周掌柜与人为善、讲究仁义道德的家风,振兴了通和染坊,并将染厂开到了青岛、济南。陈寿亭并非完全杜撰出来的人物,在鲁商历史中有原型可考,这位传奇人物便是张星垣。在周村,张星垣的故事可谓家喻户晓,他流浪乞讨时被周村的商人石茂然收留才保住了性命,并得到石茂然提供的一笔资金开了染坊,字号叫"东元盛",后来发展成为周村最大的染坊,20世纪30年代后陆续迁往济南,慢慢发展到在各地开分号。张星垣的发迹虽然带有一定的偶然性,但这个故事恰恰也能说明山东人对义气的重视。石茂然收留张星垣无非是出于同情和乡情,但他的一番善意既成就了张星垣的事业,也为自己事业的发展打开了一个更加广阔的局面。其实,豪爽的山东人并不会只将自己的人际关系局限在老乡范围之内,他们习惯以仁为处世核心,以礼为待人之道,所以无论对待朋友还是陌生人,他们都有一副仁者的情怀,更有义士的肝胆。鲁商之中,"义利合一""重义轻利"者不胜枚举。

在山东,有一位因一时"不忍"而创业的民营企业家,他就是力诺集团董事长高元坤。按照他的说法,创办力诺集团并非出于经商挣钱的目的,他本来在医药管理局工作,从没想过要离开这种稳定的生活。但是有一天,他的一位朋友找到了他。这位朋友是沂南玻璃厂的领导,朋友告诉他自己的企业垮了,数百名员工的生活都将受到影响。高元坤听完之后心里非常难受,他一想到那么多人将要丢掉赖以为生的饭碗心中便觉得不忍,于是他决心为大家找条出路,这才有了从银行贷款50万元创业的举动。像高元坤一样,很多鲁人经商都注重仁义。鲁商集团董事长季缃绮在诠释企业的使命时,曾说过鲁商集团的核心思想是"仁智合一,商行天下",仁为前,智为后,然后才谈商行。以仁者思想、义士情怀经商的鲁商虽然有时候很难从市场的角度看问题,但却往往也能因此积累厚实的人际关系,人际关系即钱脉,厚积而来。可见一个"义"字,成就的不仅仅是仁义品格,同样也成就事业。

　　重情重义的人总是能够得到人们的欢迎,赢得人们的敬佩。当年,李嘉诚离开塑胶公司自己创业时,就用实际行动证明了自己是一个以德报德、重义轻利的人。

　　临走前,老板约李嘉诚到酒楼,设宴为他辞工饯行。李嘉诚并没有闪烁其词,而是很诚恳地说了这么一番话:"我离开你的塑胶公司,是打算自己也办一间塑胶厂。我难免会使用在你手下学到的技术,也大概会开发一些同样的产品。现在塑胶厂遍地开花,我不这样做,别人也会这样做。不过,我向你保证,我绝不会带走一个客户,绝不用你的销售网推销我的产品,我会另外开辟销售线路的。"

　　这种承诺对于一个年轻的创业者来说并不是一件轻易就能够实现的事情。因为是新厂,必然要开发客户,但旧有的一切资源都不能用,而没有丝毫名气的新厂要想开发新客户则是难上加难。但是,李嘉诚并没有就此违背承诺。他重义轻利,甚至推辞了主动上门来的客户,希望这些客户继续与原公司保持往来关系。

　　有人曾经说过,人之所以慷慨,是拥有的比付出的多。那时李嘉诚拥有的并不多,甚至可以说非常贫乏,但是李嘉诚依然慷慨地把客户送回到了原公司。

　　以重义轻利、以德报德的情怀经商的人,虽然有时候看起来很"傻",但却往往也能因此积累厚实的人际关系和口碑。

关键时刻,挂帅救市

　　做一个商人易,做一个不唯利是图的商人不易,而做一个关键时刻,救市不图利,甚至赔利的商人则更是不易。然而李嘉诚做到了,他由成功到优秀,由优秀到卓越,无不在果断抉择,成为一个以身作则的楷模,坚守责任的典范。

1973年,石油危机波及香港。由于香港的塑胶原料全部依赖进口,香港的进口商趁机垄断价格,将价格炒到厂家难以接受的高位。石油危机必然引发塑胶原料暴涨,年初时,每磅塑胶原料是6角5分港币,秋后竟暴涨到每磅4~5港元!同时,进口商哄抬垄断价格,不少生产厂家被迫停产,濒临倒闭。

当时,李嘉诚的经营重心已转移到地产上,因此,这场塑胶原料危机对他影响不大。况且,李嘉诚一直坚持稳中求进,所以长江公司本身有充足的原料库存,并不像其他厂家那样无措。

但是,身为香港潮联塑胶制造业商会主席的李嘉诚并没有坐山观景,在倒声一片中,李嘉诚毅然决策,选择挂帅救业。他冷静思考,并且利用自己的影响力和信誉力牵头倡议,终于使得数百家塑胶厂家入股,共同组建了联合塑胶原料公司。

如同欧盟一般,组建联合塑胶原料公司有两个好处。首先,原先单个塑胶厂家无法直接由国外进口塑胶原料,是因为购货量太小。现在,由联合塑胶原料公司出面,需求量比进口商还大,因此可直接交易。其次,这种联合方式打破了进口商垄断。所购进的原料,按实价分配给股东厂家。

在厂家的联盟面前,进口商的垄断被彻底打破。

同时,李嘉诚在救业大行动中并没有空喊口号,而是将长江公司的1243万磅原料以低于市价一半的价格救援停工待料的会员厂家。而且直接购入国外出口商的原料后,他又把长江本身的配额20万磅以原价转让给需量大的厂家,直接带动了塑胶业的复兴。

有李嘉诚这一系列的抢救措施,在不图分毫利、只求帮人渡难关的信念带动下,笼罩全港塑胶业两年之久的原料危机,一下子烟消云散。有人曾进行统计表示,在这场危难之中,得到李嘉诚帮助的厂家达几百家之多。李嘉诚也因此举措,被称为香港塑胶业的"救世主"。

李嘉诚救人危难的义举，为他树立起崇高的商业形象，他的信誉和声望如日中天。很多人评价说，李嘉诚"倒贴"此举，不过是在为自己做"软"广告，与小额利益相比，公众们的好感与支持才是李嘉诚的最大收获。的确，李嘉诚的这一举动为他赢得了很高的声誉。但同时我们也要看到，李嘉诚也可以只进行联盟。但他没有那么做，而是以自己的实际行动支持了救市。美国海军陆战队和以色列陆军的指挥官都有一句座右铭——跟我来。这句话表明了富有领袖气质的领导者应持有的领导方法。同时，这也是富有领袖气质的领导者身上熠熠生辉的特色之一。李嘉诚正是以自己的领袖魅力组成了一支上下同欲、万众一心的"常胜军"，赢得了这场商战的胜利。

在李嘉诚后来的商业生涯中，他不止一次做出类似挽救塑胶业的义举。1987年10月1日，香港股市恒生指数飚升到历史高峰的3950点，几乎所有人都认为此时正是售股集资的最好时机。因为此前李嘉诚曾进行了香港证券史上最大一次集资行动，宣布长实系四家公司——长实、和黄、嘉宏和港灯合计集资103亿港元。

然而，美好总是短暂的，股灾的阴影转瞬即至，10月19日，美国华尔街股市突然狂泻508点，造成香港股市恒指暴跌420多点。10月26日，香港股市恒指更暴挫1121点，全面崩溃。这场突发性股灾令全球股市行家及学者大感不解。

长实系上市公司市值下跌，但实际资产依旧。股灾中，李嘉诚由于是与其他公司联合集资，所以分摊下来依然算是集资成功。但他并没有因此而感觉侥幸，随即，使"百亿救市"的举措凌空而出。他主动向港府提出"稳定港市"的方案，虽然他强调此举目的是希望看到香港股市和经济不要有太大波动，希望能稳定下来，绝非为个人利益，完全是为香港大局着想，但是仍然有人认为他有为私之嫌，舆论压倒性评论无疑给了李嘉诚很大压力。而且，当时李嘉诚家族控有长实35%以上股权，和黄的股权也近35%。按照收购及合并条例，已超过35%股权的人士要再增购股权，就必须提出全面收购。李嘉诚无法全面收购，要求当局放宽限制。

李嘉诚的努力富有成效，委员会决定接纳李嘉诚的救市建议，暂时取消有关人士购入属下公司股份超过35%诱发点而必须履行的全面收购条例，但规定所购入最高限额之股份，必须在一年内以配售方式出售，同时购入股份时必须每日公布详情。李嘉诚对放宽限制表示欢迎，但认为既放宽收购点又限期售出，这是矛盾的，难消危机，不能根本解决问题，故表示对附带条件的失望。这意味着，如一年限期内股价继续下跌，那么他收购的股票则必亏无疑。

在此之中，李嘉诚能够顶住舆论压力，以大局为重，首先站出来"救市"，认购数亿股票支持股市，实在难能可贵。虽然后来李嘉诚化险为夷，从中得利，但是就当时情况来看，李嘉诚挂帅之举真可谓正义之举。一系列的行为很能体现李嘉诚的特色，即分清什么钱可赚，什么钱不能赚；什么钱不可花，什么钱必须花；什么事不做，什么事必须做。这种有为有不为的"正"，正是每一位涉足商界的人士都应该学习的。

创业过程没有秘密

成功的人，他的经历和素质本身就是一笔财富。成为华人首富，李嘉诚是每个想要成功的人的理想和榜样。然而李嘉诚这样告诉我们，创业过程没有秘密。尔虞我诈的商海里，怎么可能没有创业秘密？有一位成功人士说过，创业者的第一桶金往往不是那么干净。只要在法律许可的范围内，找点其他门路也未尝不可。

有人便据此得出一些结论：我觉得只有做违法不犯罪的生意才能快速致富，因为现在的社会秩序已经形成，社会资源已经被利益集团占有，想出头，就不能走寻常路。这世界没规定擦边球不能玩啊！什么是违法不犯罪的生意，我看还是老四样：黄、赌、毒、假。

但李嘉诚说："我的金钱，我赚的每一毛钱都可以公开。"没有侥幸，没有暗箱操作，没有抛弃德行。李嘉诚的成功不是偶然，因为他明白，什么样的事情可以做。因为只有这样，良心才可以挺立一世。纵观商海，财运恒久的大商人几乎都恪守着与李嘉诚类似的守则，经历过与他相似的创业经历。

1996年被美国《财富》杂志评定为美国第二大富豪的巴菲特11岁就开始投资第一只股票，把他自己和姐姐的一点小钱都投入股市。刚开始一直赔钱，他却坚持认为持有三四年才会赚钱。结果，姐姐把股票卖掉，而他则继续持有，最后事实证明了他的看法。

1954年他如愿以偿到葛莱姆教授的顾问公司任职，两年后他向亲戚朋友集资10万美元，成立了自己的顾问公司。该公司的资产增值30倍以后，1969年他解散公司，退还合伙人的钱，把精力集中在自己的投资上。

巴菲特从11岁就开始投资股市，历经几十年坚持不懈。因此，他认为，他今天之所以能靠投资理财创造出巨大财富，完全是靠近60年的岁月慢慢地创造出来的。他的经历告诉我们，在创业中，只要你做得好，只要你勤于观察思考，每一个小买卖里都蕴藏着无限的商机，任何小事都包含着做成大事的种子。这并不需要秘密操作，每一处的智慧都是闪光点。

德鲁克认为，创业者要有社会责任感和使命感，否则即使他能发财，也不能赢得人心。显然，德鲁克所说的品德，正是企业的使命、责任和信念。对于创业者而言，根本的问题在于虚心学习、端正自我道德取向，而不要将目的仅仅局限在利润、资本的原始积累等浅层的问题上。蝇营狗苟，暗箱操作，并不能成就真正成功的企业家，只有眼光放远，以德服人，才能让事业走得更远。

可赚的钱应该赚，不可赚的钱绝对不赚

在《第一财经日报》上曾经刊登过一篇李嘉诚演讲的摘录，其中几句发人深思：

我相信只有坚守原则和拥有正确价值观的人，才能共建一个正直、有序及和谐的社会。

一个没有原则的世界是一个缺乏互信的世界。

我相信没有精神文明,只有物质充斥的繁荣表象,是一个枯燥、自私和危险的世界。

我绝不同意为了成功而不择手段,如果这样,即使侥幸略有所得,也必不能长久。

当你看到这几句话时,你能想到什么?回顾李嘉诚一生中所做的事,我们便能有一些清晰的认识。

1943年的冬天,李嘉诚的父亲去世了。为了安葬父亲,李嘉诚含着眼泪去买坟地。按照当时的交易规矩,买地人必须付钱给卖地人之后才可以跟随卖地人去看地。李嘉诚将钱交给卖地的两个客家人之后,坚持要看地。

沉浸在丧父之痛中的李嘉诚,想着连日来和舅父、母亲一起东奔西走,总算凑足了这笔安葬费,想着自己能够亲自替父亲买下这块坟地,心里总算有了一丝慰藉。这两个卖地人走得很快,山路泥泞,风雨交加,李嘉诚紧跟不舍。卖地人见李嘉诚是个小孩,觉得好欺骗,卖给他的竟是一块埋有他人尸骨的坟地。他们到了地方之后,用客家话商量着如何掘开这块坟地,将他人的尸骨弄走。他们不知道李嘉诚是听得懂客家话的。李嘉诚万分震惊,心想世界上居然有如此黑心挣钱的人,连死去的人都不肯放过。李嘉诚想到父亲一生光明磊落,如果安葬在这里,他在九泉之下是绝对不会安息的。但与此同时,这两个人又是绝不会退钱给他的,李嘉诚做出了一个痛苦的决定,他告诉他们不要掘地弄走他人尸骨了,他决心再次筹钱,另找卖主。

这次买地葬父的几番周折,深深地留在李嘉诚的记忆深处。李嘉诚后来经商一直恪守一个原则——义在财先,不可赚的钱一定不要去碰。这是一个原则问题,李嘉诚虽年轻亦能坚持。但遇见一些习以为常的"潜规则",李嘉诚还会坚持吗?答案是肯定的。

自李嘉诚在海外投资开始,李嘉诚的事业更上一层楼。他在加勒比海某国投资,拥有货柜码头、飞机场、酒店、高尔夫球场及大片土地,成为当地最大的海外投资商。该国政府拿出很多商人求之不得、一定赚大钱的赌场牌照，作为酬谢李嘉诚的礼物。面对送来的钱财，李嘉诚婉转地拒绝了。若说当着政府人员的面可以拒绝是情理之中，那么面对领导人呢？李嘉诚仍然没有答应要牌照。

当时，该国总理亲自找到李嘉诚解释他"投桃报李"的行为原因："一大堆商人追着要这个牌照，我们都没给，你这么大的投资，我一定要给你，你有三家酒店，随便放哪家都可以。"

李嘉诚还要在此营业，所以忤逆领导人的下场应该说不难猜到。但常年与政府打交道的经验让他有了一个明智选择：盛情难却之下，李做了"妥协"，决定不接受赌场牌照，但在酒店外面另盖独立的房子给第三者经营，并由经营者直接与政府洽谈条件，和黄只赚取租金。"酒店客人要去哪儿我不管，但我的酒店绝不设赌场。"这样，既买了政府的面子，又坚持了自己的原则，还让人看到了李嘉诚"正字为先"的一面，敬意陡升，真是处理得恰切非常。

在后来的采访中，李嘉诚谈道："我对自己有一个约束，并非所有赚钱的生意都做。有些生意，给多少钱让我赚，我都不赚。有些生意，已经知道是对人有害，就算社会容许做，我都不做。"或许用现代的生意眼光来考量，会有各种不同的说法，但"这是我的原则，原则必须坚持"，明确体现了其立场和态度。

作为一位有着广泛交际的人，难免会遇到种种问题，或是极大的困境，或是朋友的馈赠等。有些困境难以逾越，很多人便会选择屈从，不择手段是否不正当，如那位卖坟地的"仁兄"；有些则是丰腴却并不太"正"的馈赠，如那位总理的盛情给予，很多人会选择顺水推舟。

但李嘉诚没有，他避过了这些东西，而选择了一步一个脚印走。对于李嘉诚来说，不择手段的成功就是那个"烫手山芋"，也许很香甜，却会给自己烙下不光明的痕迹。

纵观茫茫历史大潮，有人成功，有人失败；有人流芳百世，也有人遗臭万年。希望成功的愿望是美好的，用不择手段去获取成功却是令人羞耻的。李斯，渴望成功，最后却成了嫉贤妒能的代表人物。他原本应该是一代名相，却因对成功的渴望蒙蔽了双眼，不择手段打击韩非，制造了焚书坑儒的惨剧，最后却遗臭万年，这恐怕不是那些不择手段追求成功的人的夙愿吧。

不光李嘉诚如此，世间的每一个商人，甚至每一个人都应牢记，绝不能为了成功而不择手段。20世纪80年代，中国崛起的不少企业家，因被媒体指责其资本原始积累的黑恶化和手段不正当性，其企业因此而陷入困境。这非常值得人们反思。所以，要警惕投机取巧、不择手段的创业方式的危害。不要为达到目的而滥用手段，手段的不正当性会扭曲目的。因为，一旦有一天事情败露，道德拷问会使企业颜面扫尽、形象尽失，再难立足。

在大多数人的印象里，钱赚得越多越好。但李克华表示，只赚研究透彻的股票的钱，不赚没有研究或者研究不透彻的股票的钱。只赚该赚的钱，不赚不该赚的钱；只赚理性的钱，不赚运气的钱。李克华讲的是稳健赚钱。李嘉诚也是如此，并且用得更加彻底。

对于很难赚到的钱，李嘉诚如果认为可以赚，那么就是再难他也会去做。然而对于送到面前的利润非常诱人且法律也准许的赚钱机会，如果他认为是不应该做的，那他情愿牺牲这次赚钱的机会也不会昧着良心去做。他说："在一个商业社会，钱当然是赚得越多越好，假使有一项赚钱的事业，非常非常吸引人，前景好得不得了，法律也准许，这个事业可以做。但是就算这样的事业，如果带有疑问在我心里，我情愿牺牲。"

美国俄亥俄大学曾经做过一项研究，即对2500名受试者进行人类行为研究，归纳出了人类15种基本欲望和价值观，这15种是：好奇心、食物、荣誉感（道德）、被排斥的恐惧、性、体育运动、秩序、独立、复仇、社会交往、家庭、社会声望、厌恶、公民权、力量。

若想满足这些欲望，离开了财富是办不到的，所以人人爱财。但是，财富取得的方式却多种多样。绝大多数人取之有道，通过自己的努力奋斗，发挥自己的聪明才智，合理合法地发家致富，不少创业英雄成了人们崇拜的偶像，如盖茨、巴菲特、香港富豪李嘉诚、大陆富豪刘永行兄弟等。也有很多人是通过不光彩手段致富的，他们巧取豪夺，偷盗抢劫，无所不用其极。

前者赚钱，心安理得，"日里不做亏心事，半夜敲门不吃惊"；后者赚钱，疑神疑鬼。君子爱财，取之有道；小人爱财，不择手段。两相比较，真是大相径庭。

1997年亚洲金融风暴发生后，香港经济亦受到很大冲击，地产及股市大跌，人心惶惶，国际对冲基金及大炒家多次利用股市溃击联系汇率及期指市场，以期获取暴利。当时也曾有人多次向长江集团要求借取股票在市场抛售，借以增强沽售压力，加速股市崩溃，以遂攫利目的。经估算，当时如果肯借出股票，随便就可获得数以10亿元计的利润。

但李嘉诚没有这么做，他认为此举会对香港构成很大损害，故而一口拒绝，对这样的钱，李嘉诚说他是绝对不会赚的。当他认为当这样一桩生意与自己心中的"义"有冲突时，他的选择只有两个字：放弃。

在公司的一次重要会议上，李嘉诚让人记下这样一句话，公司经营要"有所为，有所不为"。

他说，一个有使命感的企业家，在捍卫公司利益的同时，更应重视以努力正直的途径谋取良好的成就，正直赚钱是最好。这种"可赚的钱应该赚，不可赚的钱绝对不赚"的态度打破了人们眼中唯利是图的商人形象，为商界树立了一道亮丽的风景线。

李嘉诚启示录

李嘉诚如是说

是我的钱，一块钱掉在地上我都会去捡。不是我的，一千万块钱送到我家门口我都不会要。

我赚的每一毛钱都可以公开，就是说，不是不明不白赚来的钱。

做人最要紧的，是让人由衷地喜欢你，敬佩你本人，而不是你的财力，也不是表面上让人听你的。

我对自己有个约束，并非所有赚钱的生意都做。有些生意，给多少钱让我赚，我都不赚。有些生意，已经知道是对人有害，就算社会容许做，我都不做，因为这是我一向做人的原则。

成功之后，利用多余资金做我内心想做的善事，心安理得，方寸间自有天地。

我的钱来自社会，也应该用于社会，我已不再需要更多的钱。

我赚钱不是只为了自己。为了公司，为了股东，也为了替社会多做公益事业，把多余的钱分给那些残疾及贫困的人。

超人链接：有志、有识、有恒、有为

——李嘉诚在汕头大学校友会成立典礼上的演讲

今天很高兴大家能出席我们这一次的聚会，我首先向各位表示热烈的欢迎和衷心的感谢，今天是11月10日，1999年转眼便要过去，相信再次相聚的时候，我们已迈进21世纪，在这里我预祝大家在新的世纪里，获得更多成就，身体健康，身心愉快。

汕头大学创立于1981年，1990年校舍建成，1993年颁授硕士学位，1997年通过"211工程"立项论证，1998年成为博士学位授权单位。在这18年间，汕头大学能取得各项成就，实为历届中央、省、市领导关心和支持，和历届校董、校领导、老师和同学们共同奋斗努力的成果。借此机会，我谨向吴南生先生、庄世平先生、林兴胜先生及历届汕头大学校董、校领导以及所有为大学付出大量心血的老师致以衷心敬意和谢意。

各位同学，你们是近代中国最幸福的一代，以前我们都是在战争、在贫穷中挣扎求存求发展的。多年来国家持续不断投资于教育，目前每年投资逾300亿于大学教育，80亿于科研拓展，教育部领导常常更费尽心思，创立资源提高教育水平，开阔同学能接触的领域，如设立"长江学者奖励计划"，聘请具有国际水平的学科带头人，带领大家在科技领域向前迈进。

你们有比以前更充实的条件，更丰盛的生活，无穷的机会正涌现在眼前，你们一定能有更肯定的将来和成就，重要的是你们会不会主动掌握自己的命运，做个勤奋不懈、孜孜不倦的工作者，有正确的价值观念和使命感，能不断地发展新的机会，接受新的挑战，有追求有意义生活的信念，有服务社会的精神，有体恤关怀贫困、弱者之心，有勇气、宽容和公共精神。

汕头大学创校至今，倾注着我很多的精神和心血，我一生乐于致力发展教育和医疗事业，虽然有时确有"西风凋碧树"之感，但建设好汕头大学一直萦系我心，然而我不是在建设我自己的大学，我时刻关注的是要使得汕头大学能成为国家担负培养人才的基地，使得汕头大学能成为潮汕训练栋梁的地方，我常常思量如何克服汕头大学面对的困难，常常思量如何拓展汕头大学的空间，在这次启程前，我和我们的同事，正在研究设立3000万元科研灵活自主运用试验计划，同时也计划邀请国内外教授，通过互联网，为汕头大学同学开设互动课程，但要建设好汕头大学非可单靠我个人力量和资源不断地投入，更重要的是我们整体同仁配合凝聚，积极地寻求革新，建立好运作机制，规划未来，掌握善用资源，用人唯才，互相启发，互相鼓励，有这样的动力，我深信我们努力的追求是可以达到的，汕头大学的将来一定令人兴奋，汕头大学一定能成为中国重要的大学。

现代的社会，资讯科技的发展和进步，正在影响及改变我们每一个人的生活，不单只是工作和休闲方式，更深层地包括医疗、学习甚至社会的脉搏，有多种的渠道，不断使我们将知识的领域推进，增加对世界的理解。然而掌握资讯并非是绝对成功之道，要能经过思考和智慧的选择，将资讯在正确时间正确运用的人，才能出人头地。

最近报章报道我完成了一宗很大的交易，这宗交易令我最开心的不是利润的满足，而是我和我的同事都知道我们10年的辛苦经营、多年的努力，得到一份真正的回报，这就是别人认同我们所得到的成就，令我们感到很光荣。我时常勉励我的同事和家人，如果你对自己的工作技能、成就或天赋的恩赐，常常只不过是引以为荣，那你纵使感到自得，亦令人难以忍受。成就加上谦虚，才最难能可贵。

曾国藩曾说："士人第一要有志，第二要有识，第三要有恒,有志则断不甘为下流,有识则知学问无尽,不敢以一得自足,有恒则断无不成之事。"各位同学,成功的关键,在于我们能否凭着我们的意志,凭着我们的毅力,运用我们的知识、我们的原创力将之融入我们的生命,融入我们承传的强大文化,使之转化成为我们的智慧,使之转化成为我们的力量,为我们民族缔造更大的福祉、繁荣、非凡的成就和将来。

谢谢各位。

1999年11月10日

第三章　磨难立人

——逆境中成长，积累成功资本

苦难是人生最好的锻炼

如今，人们写信或者和朋友告别时，总喜欢说"一路顺风""一路平安""一切顺利"等词。从这些祝语中我们可以看到大家都希望日子过得顺顺利利、平平安安的，没有谁会喜欢苦难，渴望经历苦难。但事实上，万事如意只是人们的美好愿景，每个人在一生中，总会经历这样或那样的苦难，只不过是轻重多寡各不相同罢了。

一位智者说过："没有苦难的人生不是真正的人生。"一个人只有经过困境的砥砺，才能焕发生命的光彩，这句话用在李嘉诚的身上实在不为过。如果他幼小幸福至今，那么或许会出现一位学者，一位教书育人的老师，但绝不会成为一个富甲天下的人。命运是公平的，历经苦难将给人以新生，从而有所成就。

李嘉诚说，苦难是最好的学校。于是在他心爱的两个儿子面前，并不表现出宠溺的神态。李嘉诚每次给孩子零花钱时，先按10%的比例扣下一部分，名曰"所得税"。看起来让人啼笑皆非，好似经商人的惯用思维在作怪，其实不然。李嘉诚之所以这样做，就是为了教育自己的小孩在花钱时不得不事前进行仔细盘算，做一个全盘和长久的考虑。他比普通父母更进一步的是，他给的是现实的锻炼。这种"苦难"，应该是李嘉诚数年来的心得吧。

对于一个人来说，苦难确实是残酷的，但如果你能充分利用苦难这个机会来磨炼自己，苦难会馈赠给你很多。要知道，勇气和毅力正是在这一次次的跌倒、爬起的过程中增长的。

1940年，因为日本侵略中国，李嘉诚一家逃往香港，一路上风餐露宿，十分辛苦。这对于一直在温泉里长大的李嘉诚来说不能不是一件吃力的事。然而面对苦难李嘉诚忍耐着，并且尽自己的力量帮助父母照顾弟妹。

1943年，李嘉诚的父亲因病不治去世，临逝前叮嘱李嘉诚照顾好这个家，年仅10多岁的李嘉诚扛起了全家的重担。这一次苦难几乎是致命的，尤其在陌生的香港，但李嘉诚依然坚强地接受了这个锻炼。他日以继夜地工作，在业余时间拼命苦学。

就是在这样的情境下，李嘉诚迎来了自己打工的黄金时期"高级打工仔"生涯，又迎来了"塑胶花王"生涯，最终迎来了"地产大亨""华人首富"。由此看来，经历苦难并不是一件坏事，相反，它是成功人生必经的阶段。可以说，苦难是一种财富，是未来人生的本钱。

帕格尼尼，世界超级小提琴家。他是一位在苦难中把生命之歌演奏到极致的人：4岁时得了一场麻疹和强直性昏厥症；7岁患上严重肺炎，只得大量放血治疗；46岁因牙床长满脓疮，拔掉了大部分牙齿；其后又染上了可怕的眼疾；50岁后，关节炎、喉结核、肠道炎等疾病折磨着他的身体与心灵；后来声带也坏了。他仅活到57岁。

身体的创伤没有将他击垮。他从13岁起，就在世界各地过着流浪的生活。他曾一度将自己禁闭，每天疯狂地练琴，几乎忘记了饥饿和死亡。这样的一个人，却奏出了最美妙的音乐。3岁学琴，12岁开了首场个人音乐会。他令无数人陶醉，令无数人疯狂！乐评家称他是"操琴弓的魔术师"。歌德评价他："在琴弦上展现了火一样的灵魂。"

也许上帝成就一个人的方式，就是让他在苦难这所大学中进修。的确，苦难是最好的大学，只要你能不被其击倒，你就能成就自己。苦难是蹲在成功门前的看门犬,怯弱的人逃得越急,它便追得越紧……

生命中所有的艰难险阻都是通向人生驿站的铺路石。学会接受这些宝贵的苦难,并努力去克服,只有这样你才会真正成长起来,像李嘉诚一样,迎来属于自己的那片天。

靠人不如靠己

"求人不如求己"是当今很多人的共识,而在李嘉诚这里则更进了一步,靠人不如靠己。的确,成功者总是自主性极强的人,他总是自己担负起生命的责任,而绝不会让别人驾驭自己。哪怕是在自己并不足够强大的时候。靠"拐杖"走的人常常会身不由己,于是只能靠自己。对于李嘉诚来说,逆境很多,但最力不从心的时候却是将自己靠在别人身上的时候。

1959年,一位欧洲的批发商来到了李嘉诚的面前,此时李嘉诚正为如何打开国外市场而发愁。李嘉诚很热情地接待了他。一切都很顺利,临到签合同,欧洲批发商表示,依照惯例应找一位资历深厚的担保人才行。此时李嘉诚虽然已经立稳脚跟,但并未到让众商接踵而来的程度。几天的寻找给了李嘉诚很深的挫败感,因为他找不到能"靠"的人。

靠不了别人,李嘉诚并没有放弃,而是选择了一位更得力的可靠之人,他不是别人,就是李嘉诚自己。终于,连夜赶制的精美艳丽的塑胶花和李嘉诚的行动彻底征服了欧商。也从此,李嘉诚在焦头烂额的困境之后选择了一个一生中遵守的原则:靠人不如靠己。

的确,曾国藩曾说,危难之际,不要靠别人,只能靠自己。这不是句空话。在自己企业还没有做起来之前,与其四处寻求托付,不如加强自己的实力。因为在你的"被利用价值"还不突出的时候,能帮上忙的人不会把视线投向你;即便是投向你,也不会尽心尽力。而只有自己,才是世界上最可靠的、最尽心尽力的人。而当自己做强之后,便再也不会有靠别人之说了,因为那将是实力与实力的合作,是旗鼓相当,那才是尊严与双赢的开始。

在中国的商界潮商和温商都是一大派别,同时又有很多相同之处。在温州人的脑子里,也从来没有遇到困难就去寻求别人帮助的依赖思想,他们总是认为要想创造成功,只有依靠自己。

1997年,尚虎高考落榜,他不想再靠家里养活,于是就随在北京某酒店当保安的表哥来到了北京。可是他发现,像他这样没文凭、没技术的外来打工者在北京找工作是很难的。

但他并不想就这样灰溜溜地离开北京,于是就在市里到处寻找财路。这一天,他看到一位老人把一盆花扔进了垃圾桶里。"好好的花为什么扔掉呢?"他走过去问。老人无奈地说:"养久了,花盆中的泥土越来越少,只能扔啊!"

俗话说:"说者无意,听者有心。"尚虎一想,既然城里人养花缺少泥土,那何不从自己居住的郊区给他们弄些泥土来卖呢?也许,这样也能赚到钱!事实也正如他所料,北京的泥土非常值钱。只不过,在他叫卖了一段时间后发现根本没有一个买主。辗转反侧的尚虎在经过思考后发现,让人家接受自己才是最关键的。于是,他用自己省吃俭用的钱买了一个旧手机,还印了一盒名片。他心想:喜欢养花的人多半也会志趣相投、互相来往,只要认识一小部分养花的人,就可以通过他们去认识另外的一大部分人。(这与李嘉诚的推销方式是多么类似!)这一招还真管用,不到半个月,他每天至少要接十几个业务。一天下来,就有几十元钱进账。

然而,这样的日子过了两个多月,他接到的业务慢慢地少了。他百思不得其解,问过以前的客户才明白,原来泥土的肥被植物吸收后便再没有营养了,所以植物也枯死了。知道了问题的所在后,他立刻就去书店买了一些相关的书籍学习。之后,他特地买了一些包装纸将泥土包装好,注明"高肥花盆土"的字样,然后再去兜售,效果非常好!

3个月后,尚虎有时候一天能挣500多元。为了进一步扩大业务和稳住顾客，他先后推出了多种花盆土品种，分别标明富含钾、磷、氮等元素，适用于种植月季、菊花等不同的花卉。他还聘请了一位农科院的技师做顾问，为养花人解决实际问题。后来，办起了自己经营"花盆土"的公司，将泥土推销到了京城各处，总资产竟然超过1000万。

正是凭着一种独立自强、敢于创业的精神，才使许多像尚虎这样一度挣扎在贫困之中的人，找到了自己的生财之道，过上了富裕的生活。

有依赖，就不会想独立，其结果只会给自己的未来挖下失败的陷阱。李嘉诚的经历告诉我们，必须独立，必须依靠自己。只有自己的双手，才能开拓自己的前程，也只有依靠自己，才能经受住一切挫折，最终走向胜利。

磨难中悟真经

莎士比亚曾说过："多灾多难，百炼成钢。"磨难就像是一把炼制宝剑的烈火，只有经历，才能变成锋利无比的利器。孟子曾说过："天将降大任于斯人也，必先苦其心志，劳其筋骨，饿其体肤，空乏其身，行弗乱其所为，所以动心忍性，曾益其所不能。"磨难就像是上天的使者，在磨砺你之后才给你希望。

今成大事者李嘉诚这样描绘他少年时的经历：小时候，我的家境虽不富裕，但生活基本上是安定的。我的先父、伯父、叔叔的教育程度很高，都是受人尊敬的读书人。抗日战争爆发后，我随先父来到香港，举目看到的都是世态炎凉、人情冷暖，就感到这个世界原来是这样的。因此在我的心里产生很多感想，就这样，童年时五彩缤纷的梦想和天真都完全消失了。

因为世态炎凉，李嘉诚遭受了很多磨难，先是课业问题，后是父亲的身体问题。有人把李嘉诚刚刚进入香港的那几年视为"那一段时光是一种压缩性的经验"，因为"我告别童年、投身社会，悲惨的经历催促我快速成长，短短的几年内，我为自己空白的人生确定了方向"。为什么李嘉诚能够如此快速地成长？因为磨难让他领悟到生的不易，领悟到一些原本不曾想到过的东西。

有一个故事很能说明磨难的真谛。铁匠打了两把宝剑。刚刚出炉时，两把剑一模一样，又笨又钝。铁匠想把它们磨快一些。其中一把宝剑想，这些钢铁都来之不易，还是不磨为妙。它把这一想法告诉了铁匠，铁匠答应了它。铁匠去磨另一把剑，它没有拒绝。经过长时间的磨砺，一把寒光闪闪的宝剑磨成了。铁匠把那两把剑挂在店铺里。不一会儿，就有顾客上门，他一眼就看上了磨好的那一把，因为它锋利、轻巧、合用。而钝的那一把，虽然钢铁多一些、重量大一些，但是无法把它当宝剑用，它充其量只是一块剑形的铁而已。

同样出自一个铁匠之手，用同样的工夫打造，两把宝剑的命运却有着天壤之别！锋利的那把又薄又轻，而另一把则又厚又重；前者是削铁如泥的利器，后者则只是一个不中用的摆设。

李嘉诚勇敢地承受了这一切磨难，他说："如果你说我以前困难的情形，我不止是'负资产'，我什么资产都无。"但李嘉诚赢了，赢得干净彻底。2006年，李嘉诚在演讲时说道："经验是人生无价之宝，尤其是从艰苦忧患中成长的一代。"美国财经杂志《福布斯》评价李嘉诚道："环顾亚洲，甚至全球，只有少数企业家能够从艰苦的童年，克服种种挑战而成功建立一个业务多元化及遍布全球50个国家的庞大商业王国，涉及的产业从地产、通讯、能源、基建、电力、港口到零售。"福布斯公司总裁兼首席执行官史蒂夫·福布斯称李嘉诚不仅是"我们时代最伟大的企业家"，而且在任何时代，都是最伟大的企业家。

成功的大道上注定充满坎坷，布满泥泞。想要追求卓越的生活，必然要经过一条布满荆棘的道路。磨难是上天给所有人的一份赐予，只有在经历磨难之后，才会品尝到王者所能拥有的美丽人生。

成大事者要能吃苦、会吃苦

　　胡雪岩曾说过，走哪条路都不会一帆风顺。商道亦无平道。生活中，每个人难免会遭遇挫折和苦难，就如同一年四季，必须要经历冬天一样。遭遇苦难时，我们只有能吃苦，学会吃苦，才能重新站立起来，开拓属于自己的那片蓝天。如果我们就此消沉了，放弃了，那么我们就永远也体会不到成功的甘甜，也永远实现不了自己的人生价值。

　　曾有一次活动要说出高层经理人心中的十大"商业偶像"，其中李嘉诚就榜上有名，被誉为"最能吃苦的人"，因为李嘉诚好学，能吃苦，在李嘉诚的少年时代，因为要上夜校及到工厂跟单，李嘉诚每天回家时已经非常晚，而住处每晚12时后便会熄灯，他只好摸黑走楼梯，"一步步计算，数到一定的数目就知道到了家"。或许只是一个微不足道的细节，却能看出一个10多岁孩子面对变故、面对苦难的坚持与乐观的情怀。

　　古有言：能吃苦中苦，方为人上人。意思很明确，一个人能吃苦，才能走向成功。就如李嘉诚。但是有人提出疑问，"在他那个年代，有很多人都能吃苦。那时候谁不能吃苦呀，不能吃苦就没饭吃啊！可为什么却没有几个人能够成功的？"因为李嘉诚不但能吃苦，而且会吃苦。他的每一次吃苦都是在为他的甜奠基。香港人常说一句话："力不到不为财。"意思就是从来不会有天上掉下来的馅饼，若要成功，就得不怕吃苦。苦难有时也是一笔财富，富足、舒适的环境会使人慵懒，而苦难却能使人奋发、拼搏、积极向上。而很多人却一生都在重复一个动作，又怎能跑到李嘉诚的前面呢？

　　1946年，李嘉诚离开了中南公司，开始在一间小五金厂做推销员。这是一个艰苦的工作，他由店里的学徒变为一个行街仔，整日不停奔波，但所获却甚少。但李嘉诚并没有退却，也没有一股脑地吃苦，而是选择如何吃苦。

李嘉诚经过思考，独具匠心地发现，众多的推销员只着眼于卖日杂货的店铺，而他可以直接向酒楼旅馆进行直销业务，直接向小区居民推销啊。但很明显这个苦头将会比其他推销员受的更大。不过，没关系，谁让他是李嘉诚呢！

于是，李嘉诚打动了酒楼老板，获得了单次要货达100只桶的成绩；同时，他发现了只要卖给一个老太太，其他的就会不请自来的规律，因为老太太们爱唠嗑，一来二去总会在无形中做了义务推销员。这种吃苦法很快为他带来了巨额效益，五金厂生意由此兴旺非常。

后来，他创办了长江塑胶厂，在那里，他将自己6年来学习和观察到的生意经验和技巧运用于工厂的管理，终于获得了丰硕的果实。

与此类似的吃苦方式不胜枚举，李嘉诚用他的智慧证明了磨难不是一种可怕的瘟疫，而是一个锻炼、积累实力的阶梯。可见，李嘉诚不仅能吃苦，而且会吃苦。人无全才，各有所长，亦各有所短。作为商人，要了解自己的优点，发挥自己的潜能，做适合自己长处的生意，这才是会吃苦的真实体现。

在西班牙的华侨中，西班牙三E公司总裁王绍基算是闯荡商海的佼佼者之一。当年踏入商海时，他曾经历了种种艰难、困惑、迷茫、无奈和挣扎。

生于浙江温州的王绍基是共和国的同龄人，曾在杭州音乐学院和上海音乐学院先后专攻指挥和管弦乐器。1985年他在一个朋友的帮助下到马德里谋生。初到西班牙，身上只有20美元的王绍基做过中餐馆洗碗工、跑堂，还到邻国葡萄牙跑过小买卖。他在一家小小的成衣加工厂里做熨衣工，度过了一生最困难的时期。拥挤的车间非常简陋，白天在这里做工，晚上也在这里睡觉。没有床，就睡在从马路边捡来的破床垫上。

马德里的夏天非常炎热，通风不良的车间气温有时高达40℃以上。熨衣工手握滚烫的熨斗，更是热得难以忍受。王绍基负责熨烫裤子，半分钟必须熨烫好一条裤子，这在常人看来，的确是个又苦又累又紧张的工作。

但王绍基坚持了下来，而且时常抽空到当地中国人办的西班牙语学校学习。在西班牙，语言不通几乎是所有华侨都遇到过的一个难题。不通当地语言，就等于是个睁眼瞎，更谈不上有什么发展。西班牙语用途很广，但却非常难学，尤其是听和说方面。西班牙人语速极快，不经过多年的苦学是听不懂也说不出的。经过苦学苦练，王绍基逐步掌握了西班牙语，为以后的发展打下了必要的基础。

20世纪90年代初，几年的苦心经营，王绍基创办的三E公司已经成为西班牙进口中国商品的主要合作伙伴，而且从2003年起，王绍基又将经商的触角伸展到新闻媒体方面，创办了一家中文报纸《欧华报》，这使他的事业有了更大发展，人生也更加辉煌。

有一位哲人曾说："人类中最伟大的人和最优秀的人，都出生在苦难这所学校中。这是一所催人奋发的学校，也是唯一能出伟人和天才的学校。"这句话在李嘉诚的身上得到了充分的验证。不懂受苦就不懂做生意，学会吃苦才是成大事的必要保证。

谁也不是天生优秀

很多人似乎天生优秀，很多人似乎天生幸运，很多人似乎天生聪慧……很多人常常这样说，用以掩盖自己的平庸。然而，李嘉诚很直白地告诉我们，"人们赞誉我是超人，其实我并非天生就是优秀的经营者，到现在我只敢说经营得还可以，我是经历了很多挫折和磨难之后，才领会一些经营的要诀的。"话是朴实无华的，交流是语重心长的。

的确，没有哪个人天生就是优秀者。每一位成功的企业家都不可避免地要经历成长的快乐与烦恼。

1984年，高中毕业的叶显东开始涉足童装业。第一次出门跑业务时，叶显东还搞不清怎样洽谈生意，可凭着聪慧和勤奋，一个多月跑下来，初出茅庐的叶显东居然拿回了货值8万元的合同。初战告捷，让叶显东对童装业一见钟情。很快，他就和亲戚合作，在家乡办起了自己的童装厂。1996年，在叶显东的努力下，红黄蓝童装有限公司成立了。

谈起他对这些年服装行业发展的感受，叶显东说："我有一个很形象的例子，那是我的亲身经历，一路走来，看看我的交通工具的变化，就知道我们温州童装业的发展脚步了。"20世纪80年代是自行车的时代，20世纪90年代初是摩托车的天下，到90年代中期，汽车时代来临，而如今生产商已有固定客源，送货也是全物流操作了。这个过程是辛苦的，也体现着叶显东对市场逐步成熟的认识。

1971年6月，李嘉诚宣布成立长江地产有限公司，集中精力发展房地产业。在第一次公司高层会议上，李嘉诚踌躇满志地提出，要以置地公司为奋斗目标，不仅要学习置地的成功经验，还要力争超过置地。后来，李嘉诚说："世界上任何一家大型公司，都是由小到大，从弱到强。赫赫有名的遮打爵士由英国初来香港，只是一个默默无闻的贫寒之士，他靠勤勉、精明和机遇，发达成巨富，创九仓、建置地、办港灯。我们做任何事，都应有一番雄心大志，立下远大目标，才有压力和动力。"

为此，他树立了一个远期目标，并且在树立目标时他已经做到了知己知彼。事实证明，到1979年，在不到10年的时间里，长江实业集团已拥有楼宇面积达134万平方米，超过了当时拥有120万平方米的置地，成为香港最大的地产集团。置地的优势，是每单位面积的楼宇价值昂贵。李嘉诚扬长避短，把发展重心放在土地资源较丰、地价较廉的地区，大规模兴建大型屋村，最终以量取胜。

正因为谁也不是天生优秀、天生出众，所以李嘉诚做事之前，往往三思，言语表达非常地谨慎，一般会留有余地。1992年8月6日，李嘉诚发布本集团中期业绩报告，阐明投资重点转移到内地的条件及方针：中国未来之国民经济将有较大幅度之增长，前景令人鼓舞。香港整个经济体系亦将由此而得益，为平稳过渡做好准备。自年初邓小平南行深圳后，中国改革开放的势头得到深化,本集团在中国内地的投资的确增大了。

　　这种谨慎与稳健措施正是源自李嘉诚在创业初期吃的苦头与磨难,因为站在近乎失败的肩膀上,所以才有这一次次的成功。

第四章 闯在当下
——胸中怀大志，敢闯才能成功

有志则断不甘下流

李嘉诚曾在汕头大学校友会成立典礼上引用曾国藩于道光二十二年手书的内容，用以激励学生。李嘉诚说："曾国藩曾说：'士人第一要有志，第二要有识，第三要有恒，有志则断不甘为下流，有识则知学问无尽，不敢以一得自足，有恒则断无不成之事。'各位同学，成功的关键，在于我们能否凭着我们的意志，凭着我们的毅力，运用我们的知识、我们的原创力将之融入我们的生命，融入我们承传的强大文化，使之转化成为我们的智慧，使之转化成为我们的力量，为我们民族缔造更大的福祉、繁荣、非凡的成就和将来。"

李嘉诚少时立志，决心将来要创一番大业。在李嘉诚15岁时，他要为自己、为母亲、为弟弟妹妹摆脱贫困的生活而奋斗。李嘉诚所想的并不是个人利益，而是他作为家中长子，就需要担起整个家庭的重担。当时香港的经济环境比现在落后得多，生活艰难，人浮于事，哪有现在香港人这般富裕？贫困使不少香港人三餐不继，莫说是企求他日显贵，就是能够保证温饱，已是不少人的理想，甚至是梦想。但是，李嘉诚就是在这样一个如此恶劣的环境之下，除了洁身自好、不自暴自弃之外，还毅然立志要开创一番事业。

成大事者首先要立志，要有见识，李嘉诚在推销行业业绩卓然之时辞职，独力创立长江；他以小吞大，入主和黄；他拓土开疆，建立一个世界级财富帝国；他创建汕大、李嘉诚基金会，为华人争了一大口气……

　　1940年初，12岁的李嘉诚随家人逃难到香港。在香港，李嘉诚接触到了完全不同的文化，粤语、英语等让他眩晕。窦应泰曾经鲜活地描述过这样一个场景，"虽然那时香港尚不十分繁华，不过毕竟与广州大不相同。仅仅古怪的街名就让他不可理喻了，什么铜锣湾，什么快活谷、荷里活道，什么旺角和尖沙咀。""香港那些狭窄街道上的路标几乎都是英文书写，而人与人之间的对话则是难懂的英文，即便偶尔遇上几个广东人，说起话来也都掺杂着难懂的英语。"而且，李嘉诚十分清醒，由于香港是英国殖民地，受英国人统治多年，其官方语言是英语，这是在香港生存必须要掌握的重要的语言工具，尤其是在上流社会。

　　于是，没有选择逃避的李嘉诚为了能让自己具备一定的交际能力，他抓紧时间适应环境。李嘉诚不怕被人笑话"水皮"，敢于大胆与人交流，从中学习。因为学英语困难，李嘉诚找了表妹做辅导，日夜刻苦训练。终于，李嘉诚克服了这一难关，就此在香港扎下根来。

　　上海人姚贵1990年移民到香港，以外来人的身份对记者解释："在这个地方，如果你勤奋、努力，上天会很公平地让你一定能赚到钱，过上好的生活。"李嘉诚就是活脱脱的一个例子。而李嘉诚的志向并不仅仅在于过上好的生活，他的视野在全世界。当一个有志者奋起时，即使经历再多的波折，承受再多的痛苦，他也不会觉得苦，不会觉得累，因为他是为了梦想而努力。这样的经历不由得让我们想起那些过往的成功者，李小龙就是一个典范。

　　由于父亲是演员，李小龙从小就有了跑龙套的机会，他渐渐产生了当一名演员的梦想。可由于身体虚弱，父亲让他拜师习武以强身。但在心底，他从未放弃过当一名演员的梦想。一天，他与朋友谈到梦想时，在一张便笺上写下了这样一段话："我，布鲁斯·李，将会成为全美国最高薪酬的超级巨星。作为回报，我将奉献出最激动人心、最具震撼力的演出。从1970年开始，我将会赢得世界性声誉；到1980年，我将会拥有1000万美元的财富，那时候我及家人将会过上愉快、和谐、幸福的生活。"

当时，他穷困潦倒。可以预料，如果这张便笺被别人看到，会引来什么样的白眼和嘲笑。但他牢记着便笺上的每一个字，克服了无数常人难以想象的困难，终于成为"最被欧洲人认识的亚洲人"，一个迄今为止在世界上享誉很高的华人明星。

安德鲁·卡内基说："我是不会帮助那些缺乏成为企业领袖的雄心壮志的年轻人的。"人生志向提升人生的价值。没有远大志向的人，就像一艘没有目的的航船，永远漂移不定，甘于顺流而下。

曾国藩说，自己不立志，则虽日与圣人同住，亦无所成矣！可见，志向对于一个人的发展是多么的重要。李嘉诚就是一个少年时代即有凌云之志的人，他不会拘泥于眼前，总是会严格要求自己，摒弃生命中很多的诱惑，不畏惧挫折，在遭受磨难时从不妄图依赖他人。因为在李嘉诚的眼中，只有一条路要走，那就是成功之路。

乐观者胜于悲观者：迎向阳光就不会有阴影

李嘉诚常说："永不知足。"他之所以会取得如此大的成功，就是因为他不满足于所取得的成绩，不断进取，始终激励自己向前发展，并且给自己自信，而不是悲观停滞，最后终于实现了自己的理想，达到了他所向往的地位。而很多人常常容易满足，或是因为惧怕下一次失败会让自己一无所有而选择停滞，而成为沧海一粟。这就是乐观者与悲观者的区别。

有个小故事《乐观者与悲观者的差别》可以很确切地说明这个问题。

乐观者与悲观者在争论3个问题。

第一个问题：希望是什么？悲观者说：是地平线，就算看得到，也永远走不到。乐观者说：是启明星，能告诉人们曙光就在前头。

第二个问题：风是什么？悲观者说：是浪的帮凶，能把你埋葬在大海深处。乐观者说：是帆的伙伴，能把你送到胜利的彼岸。

第三个问题：生命是不是花？悲观者说：是又怎样，开败了也就没了。乐观者说：不，它能留下甘甜的果。

突然，天上传来一个声音，也问了3个问题。

第一个：一直向前走，会怎样？悲观者说：会碰到坑坑洼洼。乐观者说：会看到柳暗花明。

第二个：春雨好不好？悲观者说：不好！野草会因此长得更疯！乐观者说：好！百花会因此开得更艳！

第三个：如果给你一片荒山，你会怎样？悲观者说：修一座坟墓。乐观者说：不！种满绿树。

就这么你一言我一语，针锋相对，只不过他俩都不知道，在空中提问的是上帝。

他们更不知道，就因为这场争论，上帝给了他们两样不同的礼物。

给了乐观者勇气，给了悲观者眼泪。

那么，何以最终前者会失败而后者会成功呢？因为，乐观的人心里始终是向阳的，始终坚信，只要我做，就可以做好的信念；而悲观的人心里始终是向阴的，所以总是踟蹰不前，终被时间抛弃。一切伟大的领导者，不论他们是在人生的哪个领域中有杰出成就，都知道全心追求理想所能发出的力量是无比的。而李嘉诚所选择的，正是这种积蓄实力，在坚信"我能做到"的信念中勇敢踏出去，努力闯天下的。结果也十分公平，李嘉诚成了全世界华人首富。

回顾李嘉诚及其集团的发展历程，我们只能说，李嘉诚的乐观是自己储备的。在长江集团57年的发展中，最重要的几个历程，分别是：第一，击败英商置地，夺得地铁中环站与金钟站上盖的物业发展权，成为香港地产的新霸主；第二，购并和记黄埔，取得香港四大英资公司之一的控制权，亦创下华商购并外资最大交易案；第三，购并加拿大赫斯基能源公司，拥有全球可发展油砂储存量最高的能源公司之一。这三个历程，分别代表李嘉诚从"塑料花大王"变成香港地产大王，再跨行成为全球货港与零售商霸主，及未来可能的能源巨擘。

每一次都是在与强大阻碍力对决中赢的。第一次，在别人都笃定是置地赢的时候，他并没有悲观放弃，而是相信自己能够打败置地；第二次，在别人都觉得和黄是一头大象根本吃不下的时候，李嘉诚以蛇吞象的方式缔造了一个奇迹，原因依然在于他足够乐观，相信自己能吃得下，并且能消化得下；第三次，当别人都如躲瘟疫般躲着这堆烂摊子的时候，李嘉诚客观估计形势，乐观认为前景很好，于是果断购买，从而为22年后的崛起创造了又一项奇迹……

孔子曰："欲得其中，必求其上；欲得其上，必求上上。"大凡那些成功的政治家、著名的企业家、优秀的艺术家、杰出的科学家、创纪录的运动员都有一种一般人所没有的成就动机，都有乐观的精神。

每个人在一生中都有一门重要的学问要学，那就是怎样去面对失败，李嘉诚说，"若一夜之间所有财富都没了，我不担心，因为相信我可以再赚一笔钱，足够生活"。既然可以把失败当成一个无足轻重的事，那么为何不前进呢？

一直把目标定在前方

美国成功学家拿破仑·希尔说："你过去或现在的情况并不重要，你将来想获得什么成就才最重要。有了目标，内心的力量才会找到方向。"目标是构成成功的基石，是成功路上的里程碑。目标能给你一个看得见的靶子，一步一个脚印去实现这些目标，你就会有成就感，就会更加信心百倍地向高峰挺进。一直把目标定在最前方，是对自己的一种推动力，它能长时间调动创造的激情，让你不懈追求。

李嘉诚如果当年没有胸怀大志，也许他只是一个熟练推销工；如果没有不懈的追求，那么他也许只是一个小长江厂的老板；如果没有持续的进取，那么他也许走进和黄就可以永远退休了；如果没有走向世界的目标，也许，世界华人首富将就此易主。然而，李嘉诚一步步走过来了，他的目标随着他的进步而增大，而他的进步则随着目标的增大而愈加进步。这就是目标的力量。

罗马纳·巴纽埃洛斯是一位年轻的墨西哥姑娘，16岁就结婚了。在两年当中她生了两个儿子，丈夫不久后离家出走，罗马纳只好独自支撑家庭。但是，她决心谋求一种令她自己及两个儿子感到体面和自豪的生活。

她带着用一块普通披巾包起的全部财产，在得克萨斯州的埃尔帕索安顿下来，并在一家洗衣店工作，一天仅赚1美元。她想，要在贫困的阴影中创建一种受人尊敬的生活。于是，口袋里只有7美元的她，带着两个儿子乘公共汽车来到了洛杉矶。她开始做洗碗的工作。

她想，我要为自己而工作。于是，她拼命攒钱，终于与姨母一起买下一家拥有一台烙饼机及一台烙小玉米饼机的店。她们共同制作的玉米饼非常成功，后来还开了几家分店。不久，她经营的小玉米饼店铺成为全美最大的墨西哥食品批发商，拥有员工300多人。

然而，她并没有因此享受。她又有了一个新目标，那就是提高她美籍墨西哥同胞的地位。我们需要自己的银行，她想。后来她便和许多朋友在东洛杉矶创建了"泛美国民银行"。如今，银行资产已增长到2200多万美元。后来她的签名出现在无数的美国货币上，她由此成为美国第34任财政部长。

有了明确高远的目标，还要有火热的、坚不可摧的向上的、奋进的力量，才会产生坚决有力的行动。一个人只有不畏困难、不轻言失败、信心百倍，朝着既定的目标永不回头、奋斗不止，才会在自己的人生道路上创造出辉煌的业绩。

除了要成就一番大业，使企业成为行业领袖外，李嘉诚的大志还包括做到最好。如果一个企业规模是最大的，但所生产的产品在品质上有问题，这个大企业或迟或早都会出现问题。但李嘉诚没有只是追求最大，而是追求最好。要做到最好、最优质。做到最好、做到最优质是李嘉诚一贯的生意手法，也是李嘉诚的处世哲学。

高尔基曾说过:"一个人追求的目标越高,他的才力就发展得越快,对社会就越有益,我确信这也是一个真理。这个真理是由我的全部生活经验,即我观察、阅读、比较和深思熟虑过的一切确定下来的。"

自己给自己施加压力,这是李嘉诚一生的信条。因为他知道,目标之于事业,具有举足轻重的作用。目标是信念、志向的具体化,奋斗者一定要有梦想,梦想正是步入成功殿堂的源泉。一个人之所以伟大,首先在于他有一个伟大的目标。

看准目标,绝不半途而废

《劝学》写道:"锲而不舍,金石可镂;锲而舍之,朽木不折。"

伏尔泰曾说:"要在这个世界上获得成功,就必须坚持到底,剑至死都不能离手。"

任何人成功之前,必然会遇到很多挫折。碰到不如意的事,选择放弃也许是最简便的做法,却再难有所成就。一个人若要有所成就的话,就必当有恒心,持之以恒,绝不能半途而废。李嘉诚便是这样一个能闯之人,于绝境中不放弃、于困境中不半途而废的人。

被同乡李嘉茂挖过来,李嘉诚是奔着自己的目标努力的。然而很快他便发现,李嘉茂是个急性子,喜欢按自己的主见行事,对手下7个工人每天制铁桶要有定额。如若完不成定额,轻则扣发薪水,重则当场解雇。李嘉诚明白,这是采取强制措施以便完成每天定额。由于如此精明实用的奖罚方法在当时是不多见的,所以第一次试水的他不禁铆足了劲。

做推销员自然是十分辛苦的,除了每天都要风雨无阻地奔波之外,还要看各色人的脸色。因为这种小铁桶的购买者多为香港的下层贫民。而小铁桶的使用者们大多都有旧桶可使就不再购新桶了,有些居民即便是买,一般也会采取能省则省,能压价就压价的做法。有时李嘉诚费了许多唇舌讲好了一桩生意,屈指一算,利润几乎刚好与成本持平。这种沮丧感是难以形容的。

而随时都有可能被"炒鱿鱼"更是让李嘉诚坐如针毡。想起钟表店的那段时光，不能不让人感叹。

然而李嘉诚并没有因此而退却，他那绝不半途而废的性格给了他坚强的支撑。于是，他拼命开动脑筋，而不再一味蛮干。他想："如果我想在五金厂立稳脚跟，就必须做几单大生意，否则我在五金厂迟早会栽跟斗的。"

一开始，李嘉诚把目光盯在香港几家大酒店。譬如君悦、半岛、文华、西港城、聚星楼酒店等。为了能不盲目，他多次前往各大酒楼调查了解，发现这些酒店的客房中均需要这类小铁桶。但是，麻烦的是这类用量较多的酒楼饭店不会轻易购买像李嘉茂这样没有影响的五金小厂的产品。李嘉诚自己有把握吗？

答案是没有。但是没有也不能让这个目标就此流产。于是，他偷偷进了君悦大酒店，并且说服了老板的女秘书，让他见到了老板。

但这仍然不等于成功，因为大老板还没有点头。当老板发现李嘉诚时，李嘉诚已经足足等了几个小时。他见了老板，刚提到五金厂的小铁桶，不料老板竟不客气地打断了他的话，说："年轻人，你就不必费口舌了，我们君悦大酒店是绝对不会进你们五金厂任何产品的。即便你们的产品确如你所说的那样质高价廉，我也不会同意进货的。"计划终于还是夭折了。李嘉诚知道即便继续纠缠下去，也不会再有转机。于是他礼貌地向老板致意，然后告辞出门。

但是，突然，一个想法冒了出来。走到楼下的李嘉诚忽然又转身上了楼梯谦逊地对老板说道："是这样，我刚才就这样匆忙下楼其实是不礼貌的，因为我还没有征求先生对我推销方式的意见呢？因为我很年轻，也是刚做这种生意，所以难免有些不谙此道。我对先生并无其他所求了，只求先生能以长辈的角度，给我的推销方式提一点宝贵的意见！"

老板不仅对他刮目相看，还很坦诚地说："年轻人，并不是你在推销过程中有什么不礼貌，应该说你是个很会做事的人，你当推销员也很称职。只是你们五金厂太小，产品也不可能登大雅之堂，尤其是像我们这样的大酒店，一般都从有名气的厂家进货，所以我只能拒绝你了，请你原谅。"

这是一个契机，李嘉诚意识到。他果断地判断出了他们这个大酒店是从香港名气很大的凯腾五金店厂进小铁桶的。而凯腾五金店厂有一个极大的漏洞，即他们的产品质量不够硬，因为他们用的并不是进口镀锌板材，虽然他们在出售产品时是打着日本材料的招牌，其实他们只是使用五金厂不用的边角余料进行再加工，然后再以进口镀锌板的名义上市罢了。

李嘉诚的陈词令这位老板不禁吃了一惊，后来他果然查出了真相，正是李嘉诚所言。而且李嘉诚推销的小铁桶非但都用上好镀锌板制成，价格也更低廉。于是，这位老板马上派人照李嘉诚名片上的地址找到了位于新界一处荒凉郊外的工厂，一下子就订下了500只小铁桶的订单。

李嘉诚正是因为没有半途而废，这才从绝境中发现了成功的制胜之机，从而一举成名。

有人曾统计过，全美国的富豪中，有500人以上亲口说过，他们最轰轰烈烈的成功和打击他们的挫折之间相距仅有一步。要想成功，就不能被放弃的心情左右，要知道黄金只在3尺之下。世人往往惊羡于李嘉诚现时的地位与金钱，而忘记其所付出的这一切。如果资历最浅、情况最不利的李嘉诚中途放弃了，那么等待他的，说不定就是一文不名的市井小民，抑或一辈子的穷光蛋了。

只有锲而不舍，才可达成目标。这种持之以恒的精神对经商者便如同一双翅膀，带他们飞越他人，走向成功。

自己做老板最潇洒

世界上，敢跳槽者很多，能跳出大名堂的却很少；世界上，打工挣钱者很多，能成大富者却很少；世界上，欲成大事者很多，能成大事者却很少。这就是症结所在。要想成就大事，便要敢闯，敢于跳槽，敢于自己做老板。

在潮汕，有着中国最富的一批人，也有着世界级的富人。

亚洲首富李嘉诚，甚至加拿大、澳大利亚、新加坡、泰国的华人首富，几乎都出自这个地方。是一方水土养一方人吗？也许，不仅仅是，很多人都是这样，犹太人、温州人……

扎根香港的李嘉诚曾对儿子说，要自己做老板，因为如果不能抛开身边"拐杖"独立自主，又怎么成就你的雄心壮志，出人头地呢？回首李嘉诚几十年的人生，无不印证着这一句话。

做堂仔，他注重观察，揣摩人的心思，练就了扎实的经商基本功；做学徒，他暗自下苦功旁观学习，掌握了钟表技术，发现了自己的目标；做销售员，他磨炼了自己的耐性和思考力……无论走到哪一步，李嘉诚都在完成自己为自己设定的一次次挑战，在每次完成中都积累雄厚的人生与商业经验，无数次成为同事中的佼佼者。

这些都是为什么？答案很清晰，因为他希望有朝一日自己可以熟悉全部过程，成长为一名成熟的全局控制者，自己做老板，实现自己的理想和抱负。李嘉诚说："只要你愿做某件事情，就不会在乎其他的。"因此他可以忍受每一步的艰辛，依然在荆棘路上奋勇前进。

他不满足于现状，不愿享受一劳永逸的生活，于是，他辞去总经理的职位，以个人资金开创自己的事业，有了自己的长江。这时他的目标开始清晰了，就是首先要开办一所塑料花厂，作为事业展开的第一步。但这只是第一步。因为在他心中，塑料花厂的建立和运作成功只是他的众多目标之一，李嘉诚还有很多更远大的目标。

李嘉诚的塑料花厂办得非常成功，他因此赢得了"塑料花大王"的称号。但对李嘉诚来说，塑料花厂只不过是起步而已，他下一个目标就是进军当时的地产界。后来，他终于成功地在地产行业中打出名堂，而且创建了香港最有实力的地产发展公司。

李嘉诚通过一连串的收购活动，不断将自己的企业壮大。这仍然是他逐步实现个人理想的过程。每一个目标完成之后，他都会有另外更多的目标，而且通常都是更高的目标。他在实现自己的理想的过程中，不断订立不同的、较为具体的目标，然后一步一步地向这些具体目标进发。

有了自己的和黄，可以自主决策，可以育人，可以追求自己的理想，为公益事业而不懈坚持。

在李嘉诚的麾下，曾出了数名"打工皇帝"，其中霍建宁的年收入达香港一家上市公司市值的1.7倍。但在人们的心目中，依然为"皇帝"前面加了两个字"打工"。可见人们对"老板"二字的重视。事实也正是如此，只有自己做老板，才能真正做到实现自我价值的最大化，才能不在大决策上受人制衡。

几乎所有立志于有所成就的人似乎都有着相同的目标，自己做老板。

1986年，退役的林戈到深圳找朋友玩，红红火火的装饰业让他留在了这座城市。"连我自己也没有想到，这会是我后来的主业。"他在接受采访时说道。

林戈在做好自己分内的工作外，还去大学听一些设计方面的培训。林戈与众不同的举动被公司老板看在眼里，两年时间过去，他找到林戈，要提拔他为公司装饰部经理，并承诺当时看来是"天价"的薪酬：月薪8000元。他以为这个年轻的潮汕人会感激涕零地接受，令他大感意外的是，林戈婉言谢绝了。因为他要自己做老板，自己开公司。

"两年的时间，我已经摸清了装饰行业的每一道脉络，就拉了一帮兄弟出来单干了。"林戈就从这里开始起步、壮大。1992年，英协地产进军郑州，在郑州接的第一个工程是丰产路的一家酒店。他带着空压机、射钉枪这些当时在内地还很稀罕的工具进驻工地，只用了一个晚上，就完成了几百平方米的吊顶。

"当时流行全国装修看深圳，林戈从深圳带回的不光是这些新奇的玩意儿，还有南方装饰业独特的超前理念，这些把业主震得目瞪口呆，他的装饰公司在河南就这样一炮打响。"潮汕商会秘书长黄楚明说。

正是志在闯荡一番、建功立业的心态让李嘉诚褪去平凡，走向卓越。这一心态也的的确确影响到他后来的事业。无论是在经营地产的狂潮中,还是在向世界的扩张中,李嘉诚都表现出了一种高瞻远瞩的魄力,而这种魄力,正是源自一种老板角度的考虑,而不是甘于被人领导。

事业的成功,是先要有理想,然后再有具体的目标。跨过一个又一个的目标,理想就可以慢慢实现。这一点我们从李嘉诚事业发展的过程中可以学习到。

附录　李嘉诚精彩演讲录

李嘉诚八十智慧 12 问启迪 80 后

——李嘉诚2010汕大演讲

孔子曰：吾十有五而志于学，三十而立，四十不惑，五十知天命，六十而耳顺，七十而从心所欲不逾矩。

6月30日，李嘉诚在汕大毕业典礼上发表演讲，如今这位年逾80的商界巨子，早已是过了知天达命的阶段，随心而不逾矩或许只是个精神理想层次，但50多年的人生与商海跌宕，李嘉诚的胸怀间饱含着沧桑与智慧。李嘉诚在演讲中说，空抱宏愿无意义，漫无目地盲目行动只会令自己身陷疲累，一事无成，他激励年青一代要化理想为热切努力，用实际地行动去实现自己的梦想；并提出 10 余个问题启发学生们的人生思考。这篇演讲比以前显得更朴实更富于智慧，它既是给 80 后毕业生的赠言，同时亦是给所有的向往成功的青年们的人生启迪。

李嘉诚在演说中，祝贺毕业同学经过数年努力，完成人生一个重要阶段，他勉励学生必须立志，并以热切的努力去追寻自己的梦想，否则漫无计划地急于求成只会令身心疲累；他未有引经据典启发学生，认为只要学生尽力地在责任路上活出丰盛、快乐和充满尊严的人生，便会成为明日经典。以下是演讲全文。

各位同学，你们知道吗？我和你们一样也是80后（学生们是1980年以后出生，他已经80岁出头），所以今天想和大家互动一下：在座有多少同学认为在汕大的岁月可以为你日后的成功奠下基础？有多少同学认为自己具备充沛的精神与力量、矫健的体魄，以及所有必需的重要元素来实现抱负和目标？

空抱宏愿并无大意义

有多少同学不甘心光是活着，而是能攀登理想高峰，创出非凡成就？有哪些同学相信自己仍有很多需要学习的空间？有哪些同学知道什么障碍令你却步？

现在进入一个较难回答的问题：有多少同学可肯定自己必会一直坚持原则，拒绝自欺欺人，拒绝把走捷径视为正途？

各位同学，我们都知道空抱宏愿并无太大意义；漫无计划地急于求成徒然令自己身心疲累。人生必须立志，必须以热切的努力来追寻自己的梦想。如何追求个人快乐与满足不一定能在课本中找到答案，只有在你积极实践与心灵共鸣的行为时，富具意义的体验才可驱赶心灵的空虚，让你享受富足人生的滋味。

你对自己有多少信心？你有没有不屈不挠的精神，知道如何正视和克服成长过程中将不断出现的挫折和障碍？你是否愿意信赖自己？面临选择时无惧接受考验？逆境求存中的你，能否在磨炼中孕育更强的生命力？你是否懂得承担责任的意义，有坚持公平公正的公义心，为自己和社会追求进步？你是否懂得珍惜有选择的福分，有耐心成为后辈的良师益友，有奉献心，为国家、为民族当中流砥柱的角色，在天地间寻找和活出恒久的价值观？

有没有知遇感恩胸怀

以下是我今天对你们最后的一个问题：你有没有知遇感恩的

胸怀，有没有在这快乐一刻中想起在你成长路上一直给予无怨扶持的父母和悉心善导的老师而心灵有所触动？

各位同学，在准备今天的讲稿时，我的同事们建议说到这里最好来一下引经据典，以强化学富五车的感觉，我不同意这观点，前人的启发固然重要，但如何让哲理历久常新更需要你们的思考和提炼；若你能尽你的忠诚，努力在责任路上活出丰盛、快乐和充满尊严的人生，日后能成就大业者，能出类拔萃者，能出尘不染者，舍你其谁？你就是精彩，你就是经典。今天你以汕大为荣，明天汕大必以你为荣。谢谢大家。

2010年6月30日

我的第三个儿子

——新加坡"马康·福布斯终身成就奖"致辞

Dear Steve、各位嘉宾、各位朋友：

我是李嘉诚，今天能够参与此盛会，接受《福布斯》杂志及福布斯家族颁予此终身成就奖，实在是非常荣幸，感谢你们今天与我一同分享这欢乐时刻。

对我来说，"终身"一词给人的感觉是巨大沉重的，令人不得不反思自己走过的道路。

我成长在战乱中，回想过往，与贫穷及命运进行角力的滋味是何等深刻，一切实在是不容易的历程。从12岁开始，一瞬间已工作66载。我的一生充满了挑战，蒙上天的眷顾和凭仗努力，我得到很多，亦体会很多。在这全球竞争日益激烈的商业环境中，时刻被要求要有智慧、要有远见、要求创新，确实令人身心劳累；然而尽管如此，我还是能很高兴地说，我始终是个快乐的人，这快乐并非来自成就和受赞赏的超然感觉；对我来说最大的幸运是能顿识内心的富贵才是真的富贵，它促使我作为一个人、一个企业家，尽一切所能将上天交付给我的经验、智慧和财富服务社会。

我常常想知道，如能把人类历史中兴衰递变的一切得失，细列在资产负债表上，最真实和公平的观点会是什么？今日，经济全球化进程带来的种种机会会引向何方？对贫富悬殊加剧的担忧，价值观的冲突带来的无奈，谁能安然无虑、处之泰然？人类能否凭仗自己的力量克服及超越自然环境的困局和疾病的痛楚？在充满分歧的世界中，个人的善意、力量和主观愿望是否足够建造一个公平公正的社会及为每一个人的明天带来同样的希望？

作为企业家，我们都知道寻找正确的资本投资的重要性，而社会资本像其他资产一样是可以量化的，社会资本包括的同理心、同济心、信任与分享信念、小区参与、义务工作、社会网络及公民精神等，这些全属可量化和有效益的价值，是宏观与微观经济层面之间最重要的联系；同济心是人性最坦率及强而有力的内心表达，能建造、能强化、能增长及治疗和消除痛楚，我们都应乐于参与投资。

为此，我于1980年成立了基金会，它是我的第三个儿子，它早已拥有我不少的资产，我全心全意地爱护它，我相信基金会的同仁及我的家人，定会把我的理念，通过知识教育改变命运或是以正确及高效率的方法，帮助正在深渊痛苦无助的人，把这心愿延续下去。

在华人传统观念中，传宗接代是一种责任，我呼吁亚洲有能力的人士，尽管我们的政府对支持和鼓励捐献文化并未成熟，只要在我们心中，能视帮助建立社会的责任犹如延续同样重要，选择捐助资产如同分配给儿女一样，那我们今天一念之悟，将会为明天带来很多新的希望。

各位朋友，有能力选择和做出贡献是一种福分，而这正是企业家最珍贵的力量。我们有幸活在一个充满机会及令人兴奋的时代，我们拥有更多创意、更多科技、更多时间甚至更长的寿命。各位都是个别专业领域的顶尖人物，有智慧和信心，你们富有开拓精神、付出努力，过着有意义的生活。同济心不是富裕人士专有的，亦并非单单属于某一阶层、国家或宗教的；通过决心及自由发挥，它可创出自己的新世界，一个能体现集体力量、具感染性的大同社会，因为这工作是永恒的，而其影响力也是无穷无尽的。让我们大家一起同心协力，不要再犹豫，拿出我们企业家豪迈的精神和勇气，让我们选择积极帮助有需要的人重塑命运，共同为社会进步赋予新的意义。

再次深深感谢各位。
2006 年 9 月 5 日

管理的艺术

——汕头大学长江商学院"与大师同行"系列讲座之一

尊敬的各位领导、各位来宾、各位教授、同学们：

屈指一算我的公司已成立了 55 年，由 1950 年数个人的小型公司发展到今天全球 52 个国家超过 20 万员工的企业。我不敢和那些管理学大师相比，我没有上学的机会，一辈子都努力自修，苦苦追求新知识和学问，管理有没有艺术可言？我有自己的心得和经验。

翻查字典，Art——"艺术"的定义可简单归纳为人类发自内心的创作、行为、原则、方法或表达，一般带美感，能有超然性和能引起共鸣，是一门能从求学、模仿、实践和观察所得的学问。光看这些表面证供，管理学几乎和艺术可混为一谈，那么我今天就应该没有什么好讲了。

你是老板还是领袖？

我常常问我自己，你是想当团队的老板还是一个团队的领袖？一般而言，做老板简单得多，你的权力主要来自你地位之便，这可来自上天的缘分或凭仗你的努力和专业的知识。做领袖较为复杂，你的力量源自人性的魅力和号召力。要做一个成功的管理者，态度与能力一样重要。领袖领导众人，促动别人自觉甘心卖力；老板只懂支配众人，让别人感到渺小。

想当好的管理者，首要任务是知道自我管理是一重大责任，在流动与变化万千的世界中，发现自己是谁，了解自己要成什么模样是建立尊严的基础。儒家之修身、反求诸己、不欺暗室的原则，西方之宗教教律，围绕这题目落墨很多，到书店、在网上自我增值的书和秘诀数不胜数。我认为自我管理是一种静态管理，是培养理性力量的基本功，是人把知识和经验转变为能力的催化剂。这"化学反应"由一系列的问题开始，人生在不同的阶段中，要经常反思自问：我有什么心愿？我有宏伟的梦想，我懂不懂得什么是节制的热情？我有拼战命运的决心，我有没有面对恐惧的勇气？我有信息有机会，有没有实用智慧的心思？我自信能力天赋过人，有没有面对顺流逆流时懂得恰如其分处理的心力？你的答案可能因时、因事、因处境，审时度势而有所不同，但思索是上天恩赐人类捍卫命运的盾牌，很多人总是把不当的自我管理与交厄运混为一谈，这是很消极无奈和在某一程度上是不负责任的人生态度。

14岁，穷小子一个的时候，我对自己的管理方法很简单，我知道我必须赚取足够一家勉强存活的费用。我知道没有知识我改变不了命运，我知道今天的我没有本钱好高骛远，我也想飞得很高，在脑袋中常常记起我祖母的感叹："阿诚，我们什么时候能像潮州城中某某人那么富有。"我可不想像希腊神话中伊卡罗斯一样，凭仗蜡做的翅膀翱翔而堕下。我一方面坚守角色，虽然我当时只是小工，但我坚持每样交托给我的事做得妥当出色，一方面绝不浪费金钱，把任何剩下来的一分一毫都购买实用的旧书籍。我知道要成功，怎能光靠运气，欠缺学问知识，程度与人相距甚远，运气来临的时候也不知道。还有重要一点，我想和同学分享，讲究仪容整齐清洁是自律的表现，谁都能理解贫困的人包装选择不多，但能选择自律心灵态度的人更容易备受欣赏。

22岁我成立公司以后，进取奋斗的品德和性格对我而言层次有所不同，我知道光凭能忍、任劳任怨的毅力已是低循环过时的观念，成功也许没有既定的方程式，失败的因子却显而易见，建立减低失败的架构，是步向成功的快捷方式。知识需要和意志结合，静态管理自我的方法要伸延至动态管理，理性的力量加上理智的力量，问题的核心在如何避免聪明组织干愚蠢的事。"如果"一词对我有新的意义，多层思量和多方能力皆有极大的价值，要知道，后见之明在商业社会中只有很狭隘的贡献。人类最独特的是不仅是我们有洞悉思考事物本质的理智，而是我们有遵守承诺、矫正更新的能力、坚守价值观及追求目标的意志。

商业架构的灵活制度要建基于实事求是、能有自我修正挽回的机制。我指的不单纯是会计系统，而是在张力中释放动力，在信任、时间、能力等范畴建立不呆板、能随机应变的制度。你们也许听过我说企业应在稳健中寻找跳跃的进步，大标题下的小点要包括但不局限于开源对节流、监督管治对创意和授权、直觉对科学观、知止对无限发展等。

每一个机构有不同的挑战，很难有绝对放诸四海皆准、皆适用的预制组件，老实说我对很多人云亦云的表面专家的分析是尊敬有加，心里有数，说得俗一点，有时大家方向都正确，耍的却是花拳绣腿，姿势又不对。管理者对自己负责的事和身处的组织有深层的体验和理解最为重要。了解细节，经常能在事前防御危机的发生。

其次，成功的管理者都应是伯乐，摩登伯乐的责任不仅在甄选、延揽比他更聪明的人才，但绝对不能挑选名气大但妄自标榜的企业明星。高度竞争社会中，高效组织的企业亦无法负担那些滥竽充数、唯唯诺诺的员工，同样也难负担光以自我表演为一切出发点的"企业大将"。挑选团队，有忠诚心是基本，但更重要的是要谨记光有忠诚但能力低的人和道德水平低下的人同样是迟早累垮团队、拖垮企业，是最不可靠的人。要建立同心协力的团队第一条法则就是能聆听得到沉默的声音，问自己：团队和你相处，有无乐趣可言、你是否开明公允、宽宏大量，能承认每一个人的尊严和创造的能力，有原则和坐标而不是费时失事矫枉过正的执着者？

领袖管理团队要知道什么是正确的"杠杆"心态，"杠杆定律"始祖阿基米德（Archimedes）（公元前287年~前212年）是古希腊学者，他曾说："给我一个支点，我可以撬起整个地球。"支点是效率和节省资源策略智慧的出发点，试想与海克力士（Hercules）单凭个人力气相比，阿基米德是有效得多。不知从什么时候开始，把这概念简单扭曲为四两拨千斤，教人以小博大，聪明的管理者专注研究精算出的是支点的位置，支点的正确无误才是结果的核心。这门功夫倚仗你的专业知识和综合力，能否洞察出那些看不见的联系之层次和次序。今天我们看见很多公司只看见"千斤"和"四两"的直接，可能会忽视支点的可能性，因过度扩张而陷入困境。

我未有你们幸运在商学院聆听教授指导，告诉你们，我年轻的时候，最喜欢翻阅的是上市公司的年度报告书，表面上挺沉闷，但别人会计处理的方法的优点和漏弊，方向的选择和公司资源的分布有很大的启示。

对我而言，管理人员对会计知识的把持和尊重，正现金流的控制，公司预算的掌握，是最基本的元素。还有两点不要忘记：第一，管理人员特别要花心思在脆弱环节；第二，在任何组织内优柔寡断者和盲目冲动者均是一种传染病毒，前者的延误时机和后者的盲目冲动均可使企业在一夕间造成毁灭性的灾难。

最后，好的管理者真正的艺术在其接受新事、新思维与传统中和更新的能力。人的认知力由理性和理智的交融贯通，我们永远不是也永远不能成为无所不能的人，有时我很惊讶地听到今天还有管理人以"劳累"为单一卖点，"天行健，君子以自强不息"，自强不息的方法重要，君子的定义也同样重要,要保持企业生生不息,管理人要赋予企业生命,这不单是时下流行在介绍企业时在 Power point 打上使命,或是懂得说上两句人文精神的语言,而是在商业秩序模糊的地带力求建立正直诚实的良心。这路并不好走,企业核心责任是追求效率及盈利,尽量扩大自己的资产价值,其立场是正确及必要的。商场每一天如严酷的战争,负责任的管理者捍卫企业和股东的利益已经天天精疲力竭,永无止境的开源节流、科技更新及投资增长,却未必能创造就业机会,市场竞争和社会责任每每两难兼顾,很多时候,也只能是在众多社会问题中略尽绵力而已。

我常常跟儿子说,他要建立没有傲心但有傲骨的团队,在肩负经济组织其特定及有限责任的同时,也要努力不懈,携手服务贡献于社会。这不能只是我对你一个希望,而是你对我的一个承诺。今天也和大家共勉。

谢谢大家。
2005 年 6 月 28 日

社会资本——终极目标

——西部中小学现代远程教育发布会致辞

尊敬的陈至立国务委员、尊敬的周济部长、各位领导、各位来宾、各位新闻界的朋友:

还记得三年前和陈至立国务委员在贵州见到一个笑容满面的小朋友,究竟他为何而笑呢?他说:"大山再也阻挡不住知识了。"短短 11 个字正好说出今日科技的伟大成就,这个项目体现了当我们正确运用科技时,所带来的成本效益及巨大影响,

同时也体会了通过信息传播克服数码文盲,提升能力。

人类智慧伟大成就是如何将科学与人文接合起来,这是我们知识的终极关怀。命运掌握在自己手里,也在我们梦想之中。

今日科技经济新典范的崛起,正处于矛盾吊诡之中。我们一方面追求变迁,但又同时希望更安定,数码鸿沟、学习鸿沟构造着权力再集中及分配不公平的现象,全球化令我们知道和拥抱世界的多元化,我们更不能忽视建立社群的重要性。发展的失衡不能完全依赖政府去解决,这是社会的集体责任,我们每一位都要勇于承担。

1999年世界银行报告表示:"愈来愈多证据显示社会整合对社会经济繁荣及持续发展日益重要。"

有论者认为在知识时代,社会资本是经济持续增长的重要组成部分,社会资本像其他资产一样是可以量化的,有可量度的可转变性、耐用性、弹性、可代替性、创造其他形式资本的能力。

若真如是,那么社会资本包括的小区关系、信任与分享信念、小区参与、义务工作、社会网络及公民精神等,这些全属可量化和有效益的价值,我们都应乐于参与投资。建立社会资本就是社会希望的泉源;公民精神与公民权利相比,有时甚至来得更重要。只有通过全力增进社会资本,才可以驾驭知识与创新的动力,或者这就是一个宏观与微观经济层面之间的合理关系。

我们有幸活在一个充满机会令人兴奋的时代,我们拥有更多创意、更多科技、更多时间,甚至更长的寿命。今天,是时候去领悟社会资本的重要性,通过帮助他人重塑命运,为进步赋予新的意义。

谢谢大家。
2003年12月16日

紫色动力

——长江学者奖励计划第五届颁奖典礼致辞

尊敬的陈至立部长、各位副部长、尊敬的各位领导、各位院士专家们、各位校长、各位学者、各位嘉宾：

今天很高兴在这里和大家共聚，我首先要对所有本届获奖的学者们致以万分的祝贺，同时也要向教育部同仁以及曾经对长江学者奖励计划给予鼎力支持和协助的各方人士表示衷心的感谢。

我最近看了一本名为《淡紫色》的书，书中的主角是贝金（Sir William Perkin），他是第一位将化学发明转化为工业生产并创造出大量财富的化学家。贝金生长在一个普通家庭，老师叫他做一个化学实验，尝试制造奎宁，结果奎宁造不成，却制造出一堆黑色的化学物体，将台布染成紫色，这种名为"苯"的黑色沉淀物，日后成为提炼出工业上有广泛用途的染料——苯胺紫。18个月后，他为这项发明申请专利，并大力加以商业化，结果这项发明成了其他科学家无数发明的"药引"，无论在漂染、医药、化妆品、食物工业等方面均有广泛用途，造就了价值以万亿元计的工商业生产。

贝金是百多年前的人物，今天他已被世人所遗忘，他的故事对我们却有重要的参考价值和启示作用，贝金16岁已取得丰硕的科研成果，他从个人的好奇出发，目的不是完全为了财富。他并非一帆风顺，我们可以想象，一个年轻的小伙子，要争取他人的信任是何等困难，但他排除万难，坚持将之转化为商业发展，结果成为一个杰出的企业家，23岁已是当代富豪，36岁盛年退休，重新专注他喜爱的科学研究。贝金化腐朽为金的传奇并非因为他幸运，而是建基于我们都可以拥有的潜质——无微不至的洞察力、争取知识的热情、不断进取的毅力、不怕失败的自信。

曾经有一位科学家约瑟·亨利这样说过:"伟大发明的种子不断在我们周遭浮现,但却只会在那些已准备好迎接它们的人心中萌芽。"教育就是为我们做准备,教育的精神不能局限于传授技术,今天教育家最大的挑战,是怎样令我们的年轻人怀着去争取知识,并乐于参与这个奋斗的过程。人生的成功,都有许多组成元素,但最关键是当机会来临时,我们是否累积有足够的知识去作为开启这个机会的钥匙。

今天全球化竞争激烈,工商业的竞争就是智慧的竞争,难以容纳滥竽充数的人,想要不被淘汰,就要像贝金一样,以视野和好奇心为其主要的推动力,怀着锲而不舍、敢于向前的勇气,以及求创新求完美的心,这是他一生最重要的资本。

各位长江学者,你们背负着国家的期望,你们的努力,不但体现在科研成就,为国家创造幸福和繁荣,也体现在你们能作为年轻人的榜样,让他们能在你们的努力中获得无穷的启发。最后,我想用书中一句话"没有实验,我便一无是处,尝试再尝试,谁知道什么是可能的"与大家共勉。

谢谢大家。
2005年6月28日

赚钱的艺术

——汕头大学长江商学院"与大师同行"系列讲座之一

韦钰部长、项兵院长、徐校长、谢书记、齐教授、EMBA的各位教授和同学、汕大的各位老师、同学们:

EMBA的同学,因为你们都是在社会多方面有宝贵经验的人，所以我讲话的时间不会太长，由于我所讲的内容未必是你们每一个人都想听的，在我讲完之后，我会尽量答复你们有兴趣的问题。

我每次出门，在机场都看到很多关于我的书籍，不知道为什么其中最多人感兴趣的题目总是我如何赚钱，既然那么多人有兴趣，我今天便选定了这个题目。

首先，让我回顾一下我和"长和系"的发展里程碑。我是在1940年因战乱随家人从内地来港，不久因日军来到，我便失学了。到1943年，父亲因贫病失救去世，我开始负起家庭的重担。

1950年，我创立自己的公司"长江塑料厂"，顺便一提，我选择"长江"作为公司名字，是希望勉励自己要广纳人才，像长江不择细流，才能浩瀚千里。至1971年，我成立长江地产有限公司，一年后，改名为"长江实业集团"并上市。1979年，我从汇丰银行收购英资和记黄埔集团22.4%的股份。2002年集团业务现已遍布41个国家，雇员人数逾15万。

很多人只看见我今天的成就，而已经忘记，甚至不理解其中的过程，我们公司现时拥有的一切其实是经过全体人员多年努力的成果。当年，我事业刚起步的时候，除了我个人赤手空拳，我没有比其他竞争对手更优越的条件，一点也没有，这包括资金、人际关系、市场等。

很多人常常有一个误解，以为我们公司快速扩展是和垄断市场有关系，其实我个人和公司跟一般小公司环境一样，都要在不断的竞争中成长。当我整理公司发展资料时，最明显的是我们参与不同行业的时候，市场内已有很强、很具实力的竞争对手，担当主导角色，究竟"老二如何变第一"？或者更正确地说"老三老四老五如何变第一第二"？我们今天可以探讨一下。

竞争和市场环境的关系

竞争与市场环境紧密相连，已有很多书籍探讨这个题目，我不再多谈。很多关于我的报道都说我懂得抓紧时机，所以我今天就想谈谈时机的背后是什么。

我个人认为是否能抓住时机和企业发展的步伐有重大关联，

要抓住时机先要掌握准确数据和最新信息，能否主导时机是看你平常的步伐是否可以在适当的时候发力，走在竞争者之前。

等一会儿我会用"橙"作为案例来说明下面几个很重要的因素。

一、知己知彼。

二、磨砺眼光。

三、设定坐标。

四、毅力坚持。

知己知彼

做任何决定之前，我们要先知道自己的条件，然后才知道自己有什么选择。在企业的层次上，身处国际竞争激烈的环境中我们要和对手相比，知道什么是我们的优点、什么是弱点，另外更要看对手的长处，人们经常花很长时间去发掘对手的不足，其实看对手的长处更是重要。掌握准确、充足数据可以做出正确的决定。

20世纪90年代初，和黄原来在英国投资的单向流动电话业务Rabbit，面对新技术的冲击，我们觉得业务前途不大，决定结束。这亦不是很大的投资，我当时的考虑是结束更为有利。与此同时，面对通讯技术很快的变化、市场不明朗的关键时刻，我们要考虑另一项刚刚在英国开始的电讯投资，究竟要继续，或是把它卖给对手？当然卖出的机会绝少，只是初步的探讨而已。

我们和买家刚开始洽谈，对方的管理人员就用傲慢的态度跟我们的同事商谈，我知道后很反感，将办公室的锁按上了，把自己关在办公室15分钟，冷静地衡量着两个问题：

一、再次小心检讨流动通讯行业在当时的前途看法。

二、和黄的财力、人力、物力是否可以支持wwww发展这项目？

当我给这两个问题肯定的答案之后，我决定全力发展我们的网络，而且要比对手做得更快、更全面。"橙"就在这环境下诞生。

当然我得补充一句，每个企业的规模、实力各有不同，和黄的规模让我有比较多的选择。

磨砺眼光

知识最大的作用是可以磨砺眼光，增强判断力，有人喜欢凭直觉行事，但直觉并不是可靠的方向仪。时代不断进步，我们不但要紧贴转变，还要有国际视野，掌握和判断最快、最准的信息，要创新比对手走前几步。不愿意改变的人只能等待运气，懂得掌握时机的人另一方面就能创造机会。幸运只会降临那些有世界观、胆大心细、敢于接受挑战但是又能够谨慎行事的人身上。

1999年我决定把橙出售，也是基于我看到流动通信技术的进步和市场的转变，当时我看到三个现象：

第一，话音服务越来越普及，增长速度虽然很快，但行业竞争太大，使到边际利润可能减低。

第二，数据传送服务的比重越来越大，增长速度的百分率比话音要高很多。

第三，在科技通信股热潮的推动下，流动通信公司的市场价值已达到巅峰。

三个现象加在一起，让我看到流动电话加互联网是一个重要的配搭，潜力无限。所以我把握时机，在现有通信技术价值最高的时候，决定把橙卖出去，再把钱投资在更切合实际需求的新科技领域上，例如第三代流动电话。

设定坐标

我们身处一个多元的年代，面临四方八面的挑战，以和黄为例，集团业务遍布41个国家，公司的架构及企业文化必须兼顾全球来自不同地方同事的期望与顾虑。

我在1979年收购和黄的时候，首先思考的是如何在中国人流畅的哲学思维和西方管理科学两大范畴内，找出一些适合公司发展跟管理的坐标，然后再建立一套灵活的架构，发挥企业精神，确保今日的扩展不会变成明天的包袱。

灵活的架构为集团输送生命动力，让不同业务的管理层有自我发展的生命力，互相竞争，不断寻找最佳发展机会，带给公司最大利益。

完善的治理守则和清晰的指引可以确保"创意"空间。

企业越大,单一的指令行为是不可行的,因为最终不能将管理层的不同专业和管理经验发挥。

我再举一个例子:卖出橙之前两个月,管理层曾经向我提出想展开一项重大的收购行动,我虽然感到市场价格已经超出常理,但是仍然在安全线内给他们想办法,我的大前提是要保护全体股东的利益,就给他们列了四个条件,如果他们办得到,便按他们的方法去做,我说:

第一,收购对象必须要有足够的流动资金。

第二,橙在完成收购之后,负债比率不能增高。

第三,橙发行新股去进行收购后,和黄仍然要保持35%的股权。我向他们说:35%的股权不但保护和黄的利益,更重要的是保护橙全体股东的利益。

第四,对收购的公司有绝对控制权。

他们听完之后很高兴,而且也同意这四点原则,认为守在这四点范围内他们就可以去进行收购,结果他们办不到,这个提议当然就无法实行。

这只是众多例子中的一个,其实在长和系集团里面我们有很多子公司,我都会因应每家公司经营的业务、营商环境、财政状况、市场前景等,给他们定出不同的坐标,让管理层在坐标的范围内灵活发挥。

毅力坚持

因为市场的逆转情况,有太多的因素引发,成功没有百分百绝对的方程式,但是失败都有定律,减低一切失败的因素就是成功的基础。例如:

紧守法律和企业守则;

严守足够的流动资金;

维持溢利;

重视人才的凝聚和培训。

以上四点可以加强克服困难的决心和承担风险的能力。

结　语

1.现今世界经济严峻，成功没有魔法，也没有点金术，但人文精神永远是创意的泉源。作为企业领导，他必须具有国际视野、能全景思维、有长远的眼光、务实创新，掌握最新、最准确的资料，做出正确的决策，迅速行动，全力以赴。更重要的是正如我曾经说过的，要建立个人和企业的良好信誉，这是在资产负债表之中见不到但价值无限的资产。

2.领导的全心努力投入与热诚是企业最大的鼓动力，通过管理层与员工之间的互动沟通、对同事的尊重，这样才可以建立团队精神。

人才难求，对具备创意、胆识和审慎态度的同事应该给予良好的报酬和显示明确的前途。

3.商业的存在除了创造繁荣和就业机会，最大的作用是为服务人类的需求，企业本身虽然要为股东谋取利润，但是仍然应该坚持"正直"是企业的固定文化，也可以被视为是经营的其中一项成本，但它绝对是企业长远发展最好的根基。一个有使命感的企业家，应该努力坚持，走一条正途，这样我相信大家一定可以得到不同程度的成就。

2002年12月19日

李嘉诚健康科学研究所

——李嘉诚医学大楼开幕典礼致辞

胡定旭主席、郑维健主席、刘遵义校长、霍泰辉院长、卢煜明所长、各位医学界专家、教授、各位嘉宾：

今天很高兴与各位致力捍卫人类健康及福祉的专家聚首一堂。

我曾翻阅一篇有关19世纪科学家路易斯·巴斯德的文章，他向拿破仑三世恳求资助时说："物理学家和化学家如果没有实验室，便等同战场上的士兵没有武器。"

这在19世纪如是，放在2007年的今天更加重要。生物科技的竞争及发展，掀起健康科学及医疗领域的全球性重组。有别于以往，我们若想掌握这个领域发展的节拍及参与全球竞争，学术、投资和政策三方面，都必须在整个科研和发展过程中紧密合作，才可释译及善用生命科技研究范畴中的广泛知识。持续的研究与发展需要高瞻远瞩的投资，更重要的是政府在资源及政策上大力支持。

我深信这间研究所进行的研究工作，在不断提升各种疾病的有效疗法方面将扮演重要的角色，因为这里拥有科研的精英以及有创意的发明。不过，要拯救生命，真正医治病人，我们不仅需要超卓的医学知识，同时也要对病人抱有关怀心和同理心。

众所周知，患病可以是一个非常孤寂的历程，纵使至爱亲朋送上深切慰问，但在现实中，谁能比病人更深切体会孤立无援的感觉、恐惧及挥之不去的痛楚。

所以，除了运用专业知识外，我们要用心感受及理解病人。可能我们懂得如何诊断及处方，但是否懂得如何向病人清楚阐释？我们能对症下药，但是否可以真正感受病人的需要？我们可能熟悉科学专有名词，但能否与病人做清晰沟通，在他们无助及脆弱的时候给予鼓励，令他们奋力振作？

大家都知道巴斯德一生科研成就无数，但其中一个故事特别打动人心。当巴斯德研发出治疗狂犬病有效药物的消息席卷全球之际，他已连续成功医治350宗病例，但面对一个10岁小女孩这名末期病人来求诊，虽然他明知他的灵药这次应该无效，但他仍努力尝试，期望奇迹出现。可惜，他的努力最终落空。女孩去世时，这位举世知名的科学家握着她的手，难过地向她的父母说："我真希望可拯救你女儿的小生命。"

我希望大家视同理心不仅为一种切身的关怀，不仅是一种感受，更是发自内心的天职及责任，这样才可掌握对方的观点及感受，并且力求做出适切的行动。无疑，对任何人来说，这是更重大的承担，但没有其他工作比为大众谋福祉更重要、更充实及更富意义。各位已有非常卓越的表现，但我深信大家若能携手共勉，当可再创高峰。

谢谢大家。
2007年9月7日